Klo-Philosoph: In 100 Sitzungen zum Klugscheißer

厕所里的哲学课

[英] 康拉德 · 柯列弗
[英] 亚当 · 弗莱彻
[奥] 卢卡斯 · 艾格
——著

李贯峰 ——译

北京联合出版公司
Beijing United Publishing Co.,Ltd.

只 为 优 质 阅 读

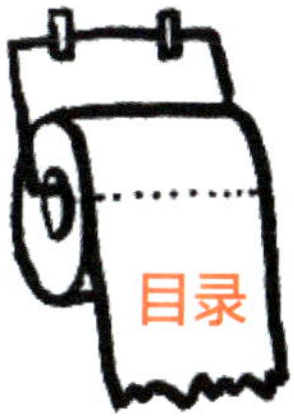
目录

导 言 厕所大学开课了

第一章 问与答

第二章 真理与融贯性

第三章 存在与目的

第四章　立场与视角

第五章　享乐主义与选择

第六章　社会与公平

第七章　现实与意识

第八章　理性主义与经验主义

第九章　道德与乌托邦

第 十 章　虚无主义与崇拜

第十一章　文字和语言

第十二章　科学与范式

本学期结束

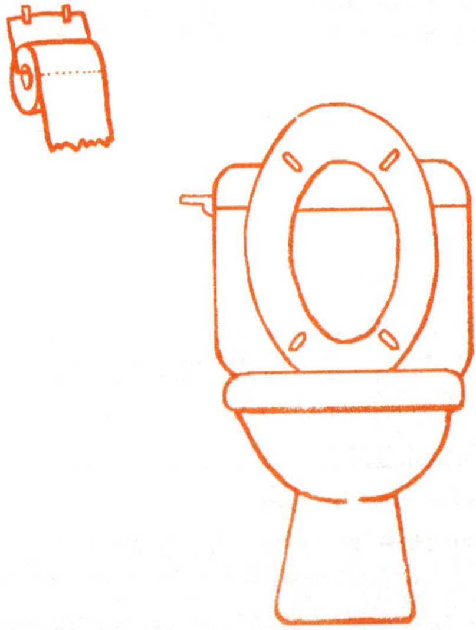

导言

厕所大学开课了

致学生的一封信

亲爱的同学们：

今天是你们来到厕所大学的第一天。环顾四周，你们或许会发现，这里的教室和以前学习过的地方不太一样——可能你正被堵在路上，乘着一趟摇摇晃晃的列车去工作，又或者你此刻正坐在厕所里的搪瓷宝座上，空气中弥漫着一股恼人的味道。别担心，要的就是这种效果。

知道吗？在你的一生中，有一年多的时间会花在上下班的路上；两百多天用来锻炼身体；一年半的时间用来上厕所！我们的生活大部分内容都由诸如此类的事情组成：处于中间状态；尚在途中；日常事务。

要是我们把这些被浪费的时间都利用起来会怎么样？这就是《厕所里的哲学课》的崇高目标，即为大家提供简洁却又非常深刻的知识。因此，我们把本书的内容按照娱乐性的“小课堂”形式分成100个小章节，无论何时，只要你发现自己有一点空闲，而且想要获得启迪，这本书都为你完美地规划好了时间。

你可能会问，为什么要学习哲学？哲学不就是一群久逝的古希腊人和德国佬，围坐在一起琢磨他们必死的命运吗？

是，但也不是。兼而有之。这个问题很复杂，就像大多数事情一样，最好用一个故事来表达。

一位年轻的哲学家疯狂地爱上了一个年轻女孩，对方不但对他毫无兴趣，而且毫不留情地拒绝了他的追求。像许多哲学家那样，他善于写作，于是决定这一年每天给她写一封情书。只要她能更好地理解他，肯定会对他产生不一样的感觉。他相信自己全情投入的追求和甜言蜜语，最终会捕获女孩的芳心。整整一年，他每天都给女孩寄一封情书，直到最后，她终于同意和“邮差”结婚。[1]

人类便开始寻找更具合理性的替代解释：静电能量、灌溉不够、吉卜赛诅咒或孟山都公司，等等。

虽然这些新理论不总是准确，但至少今天我们开始探寻自己生活的世界中的因果关联：输入信息、输出结果、探寻原因、分析结果、重新洗牌，再推倒重来。

要去思考的事情突然变得很多。由于商人、士兵和农民已经具备了实际价值所要求的专业性，所以大家一致同意，不具备这些技能的人可以去做职业思想家。这些职业思想家主要思考以下难题：

认识论：关于世界，我们能知道些什么？为了获利，我们可以假装知道什么？

形而上学：为什么世间的一切会存在？为什么没有更多的蛋糕？

伦理学：积德行善到底是什么意思？我不想做一个好人，该怎么做？

美学：美是什么？怎么才能赢得美人倾心呢？

我们把研究这些问题的人称为哲学家。恭喜！很快你就会加入这个队伍！

TL；DR

你可能已经从日常家庭聚会、政治集会或网络社区讨论版观察到，人类社会正缓慢地从神话（史前理解）向逻各斯（理性话语）过渡。哲学家接触拉丁语比较多，却不怎么跳拉丁舞。

第三课

哲学家入门套装

⓪ 大脑：既是你最好的朋友，也是你最大的敌人。

① 眼镜：就算你视力极佳，但不戴眼镜的哲学家，就像没有水的游泳池。

② 胡子：参考“眼镜”。胡子能瞬间提升你的智慧含量。如果你是一位女性，建议你也戴上假胡子。

③ 嘴：为了能讲出类似“严格来说，我认为你提出的不是一个元语义学问题，而是元语义学中的元问题”这样的话。记住，好的论证有三个要素：融贯性、完整性和~~恰到好处的~~幽默感。

④ 自在从容：成为一个哲学家，就是要心平气和地接受这样一件矛盾的事：你的工作特别重要，但 99% 的人都会完全无视它。

⑤ 记事簿：为了记录那些卓越的想法（几乎从来都没有过）、机智的想法（很少）、愚蠢的想法（偶尔）和购物清单（每天都写）。

⑥ 处子之身：可选。不过有了这一点，可能会拉近你和其他哲学家的距离哦。

⑦ 小背包：每天可以把你想读的书（《服饰与美容》《五十度灰》《厕所里的哲学课》等等）塞进去，里边再藏一本仙逝已久的哲学家写的又臭又长的哲学书，比如托马斯·阿奎那的《神学大全》。

⑧ 腿：为了让你坐着的时候蜷缩在椅子里，而且，当民众把你视为异端要放火烧死你时，可以用它们逃走。

⑨ 苏格拉底问答法：随时随地，质疑一切（参考下一堂课内容）。越让人反感，就越接近重大突破。

第一章

问与答

第四课

纯真的智慧

小莎拉问她的父亲："爸爸，什么是社会？"

爸爸回答说："宝贝，这个问题有点难。这样说吧：咱们家由我挣钱养家，所以现在我就是资本主义。而妈妈当家管钱，我们叫她政府。我们两个负责满足你们的需求，所以你们就是人民。家里的保姆可以算作工人阶层；而你的弟弟则代表着这个社会的未来。现在你再想想看，是不是有道理。"

莎拉思索着爸爸说的话上床睡觉。夜里，她听到弟弟的哭声，跑到他的房间发现弟弟的尿布已经湿透了。于是她又去找爸爸妈妈，但爸爸却不在屋里。妈妈看起来睡得很沉，莎拉不想吵醒她，所以去找保姆。可是，保姆的房间门是锁着的，她就从钥匙孔向里边看，发现爸爸正和保姆一起躺在床上。

第二天早上，莎拉说："爸爸，我觉得自己现在知道什么是政治了。"

正在吃麦片的爸爸抬起头说："好啊亲爱的，那你说说看。"

"就是资本主义趁着政府睡觉的时候和工人阶层乱搞，人民很厌烦，而且感觉自己被忽视，而未来呢，正被困在屎尿堆里。"[1]

这些小朋友……"有毒"，是不是？他们总会提出类似问题：为什么胶水不会一直粘在罐子里？太阳是怎么上山下山的？或者为什么企鹅整天光脚站在冰面上却不冷？他们对求知的无限渴望，会让你口干舌燥，声嘶力竭。

---

[1] 此处讽喻仅指代资本主义国家。

但是，要是他们不是为了自己提问呢？如果他们只是用这种方式无私地帮助你意识到，大人其实也所知甚少；你的许多想法都不对，或者很多假设都没有被验证呢？在很多情况下，他们“就算把问题逼到了死胡同，还是会再问几次以求确定”，这种风格恰好属于最伟大的哲学思想之一：苏格拉底的问答法。

TL；DR

提问总是比回答更容易，对不对？过去的事实不是已经说明这些了吗？当你自己以为领会到了什么，此时，也正是你被证明错误或者被魔鬼吞噬的时刻。

“我还有一个问题”（也称，苏格拉底问答法）

人们常常觉得自己懂点什么，但是，如果我们像孩子那样去刨根问底，很快就会发现情况并非如此。虽然无知会让人感到羞愧，但哲学家苏格拉底却并不这样认为。他曾经说过：“我所知道的智慧，就是自知自己无知。”他甚至发明出一套美国电视剧里的神探可伦坡式的方法来向人们发问，即苏格拉底问答法。

在这套方法中，老师不提供信息，只是用一系列问题引导学生来回答，或者让他们意识到自己知识的局限。用一种现代的文学创作方法来说就是“秀，不要说”。苏格拉底问答法的使用方式如下：

1. 用一个陈述总结论点，比如：“所以你的意思是，所有用面包夹起来的食物都是三明治？”“是的。”

2. 仔细检视这个论点隐含的意思；找到例外情况和漏洞。“啊！那如果面包里边夹的是香肠呢？”

3. 试着让对方去推论，或者让他们自己想办法开脱。“嗯……那我们就叫它热狗。我觉得这是一个特例。”

4. 重复上述步骤，一次挑战一个问题的漏洞。“对！那如果面包里夹的是肉饼呢？”

“呃……我想那是另一个特例吧。这种情况就叫汉堡包。”

“好。等等！意大利宽面不是和面包一样，也是小麦做成的吗？”

“对呀。”

“哦。所以，按照你的说法，宽面也是三明治？”

重复上述步骤，直到对手的说法和他最初的论点自相矛盾，这时候他会一直唉声叹气（或者从最近的桥上跳下去），承认自己的观点毫无意义。“你看，我把它称为三明治，是因为……嘿，等下，你是不是把我的午饭偷偷吃了？”

5. 你要让自己显得很迷茫并且人畜无害，就好像对手看上去很蠢这件事和你没有一点关系似的。要是这样做仍然无法缓和局面，那赶紧跑（参见哲学家入门套装第 8 条）。

施展问答法就像敬酒一样有趣，尤其是当老师只是假装无知的时候，苏格拉底的情况经常就是如此。但问答法的目标是崇高的：引导学生远离错误的假设，走向真理。可是，这种方法却没有让苏格拉底远离麻烦。他总是和其他哲学家争吵，因为问答法让他们看起来很蠢。

TL；DR

观点很容易和事实混淆在一起（有人说那是某种~~观点~~事实）。苏格拉底问答法是一种简单明了的提问技巧，用来验证人们的假设。即便它达不到这种效果，也是惹恼对手的极佳方式。

第五课

图解哲学（第一部分）

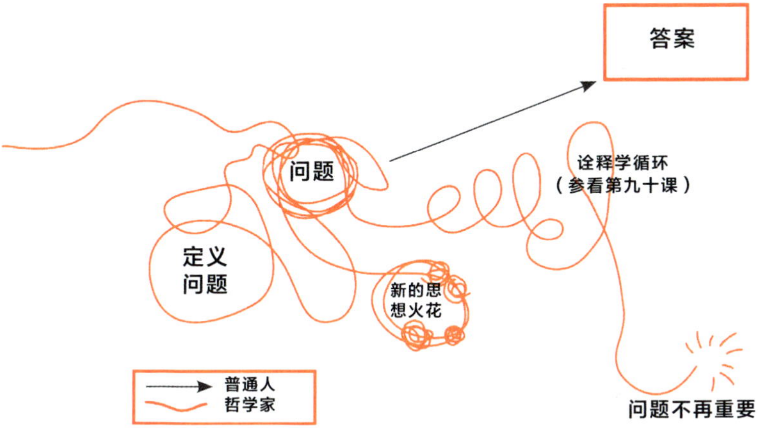

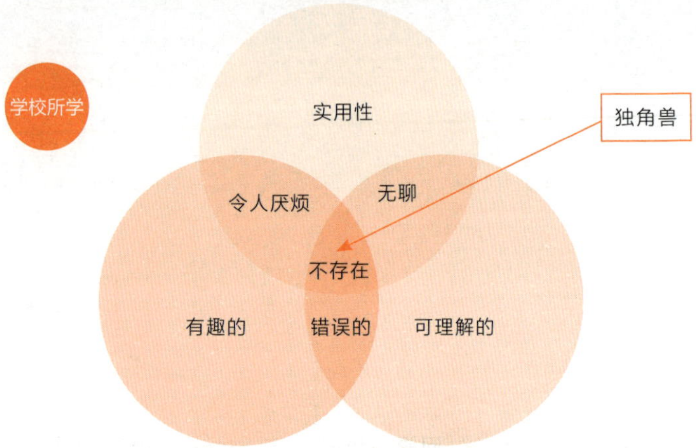

TL；DR

从问题到解决之间最快的方式是直截了当地回答，除非你是一个哲学家，在这种情况下，你会更喜欢随性漫步在优美的风景中，去任何地方。好的答案就像独角兽一样——神秘莫测。

第六课

苏格拉底小档案

影响力：★★★★★★★★★☆

国　籍：古希腊

时　期：公元前 469—公元前 399

追随者：柏拉图、亚里士多德、色诺芬、儿童、访谈节目主持人

生平

苏格拉底此前曾学着做石匠，后来放弃了（就像自己筑了一面墙）自己的职业，整日在雅典街头游荡，用看似无知的问题教导 / 冒犯城邦公民。他的行为颇具效果，最后被指控不敬神和腐蚀青年两大罪名。当被问到什么样的惩罚对他的罪行而言是公平时，如果他没有鲁莽地回答“我提议国家应当给我一些奖赏，真正合乎正义的惩罚，就是由国家负担我的生计”，那他很可能会脱罪，按照标准刑罚流放外地。但随后，他立即被判处了死刑。

最糟的点子

和你的敌人成婚。关于爱，苏格拉底有一些非常不符合常规的看法，近乎受虐狂。他的妻子赞西佩是个泼辣的角色，据说有一次吵架时，她把满满一壶水泼在了苏格拉底的头上。据传他曾经说：“我很清楚，如果我能容忍她的泼辣，就可以和其他任何人友好相处。”当然，这不是对幸福婚姻和静谧爱情之夜的准确描绘（这就好像把你的一只胳膊砍下来，好让你成为一个真正优秀的独臂杂技演员）。

逸事

苏格拉底经常被描绘成一个衣衫褴褛、流浪汉式的、智慧的、超级英雄式的人物；他对疲劳、温暖、寒冷和酒精之类的东西免疫。“没人见过苏格拉底喝醉。”他的朋友兼学生阿尔西比德斯说。即使在监狱等待死刑处决时，他也很爽朗地接受了。当他举起毒药杯时，妻子赞西佩忍不住痛哭，惊呼他无辜被判处死刑太残忍了！苏格拉底看着她，顽皮地说：“难道你觉得，如果我真的有罪会更好吗？”

名言

“重要的不是活着，而是正确地活着。”重要的不是胜利，而是巨大的胜利。

“智慧起源于惊异。”但却常常以冷漠、失望和上法庭告终。

“最热烈的爱会有最冰冷的结局。”但最冰冷的爱却会引发最热烈的偷情。

苏格拉底的厕所

① 拐杖：他经常拿着一根拐杖四处游荡，以便恐吓别人。

② 毒堇罐：里边装满毒药（和幽默感），最终将他带向极乐世界。

③ 满满的水壶：这壶水曾经全部浇到他头上（虽然可能是他自找的）。

④ 低矮的家具和装饰：苏格拉底又矮又壮（他还有鱼泡眼和朝天鼻）。

⑤ 石头：在转行开凿别人的心智之前，他是凿石头的石匠。

⑥ 长矛：很难想象，苏格拉底曾经在三次战役中充当重甲步兵（因为从他的问答法看，他像个带队的，不像跟在后边的人）。

⑦ 问号海报：他对问题的热爱是毫无疑问的。

⑧ 流行文化中的对应人物：美剧中的侦探可伦坡。这两个人都很矮，衣着破旧，不修边幅，但在这种外表下却掩藏着智慧。一个是打击犯罪的神探，另一个却悲剧地死于犯罪。

TL；DR

苏格拉底是一位卓越的哲学家，因揭露世人的偏见而名垂千古。要不是他自己也有偏见，这件事他可以做得更久：他认为，生活中没有任何事值得认真对待，甚至包括腐蚀青年这种重罪指控。如果这些人如今也能轻易做出此类指控，那供应快餐的商人、嘻哈歌手，以及视频网站上的美妆主播，都会让他们感到恐慌。

第七课

知心问答：苏格拉底有求必应

我？伟大的苏格拉底？你想让我做一个知心姐姐和问答专栏作家？这太讽刺了！“我无法教任何人任何东西，只能引导他们思考”，我是因为这句话而知名的。不过，好吧，让我试一试。原则上来说，我的工作从来都不收钱，所以我应该很适合你们现代出版业的贫困机制。

Q：我和女朋友交往五年了，她家一直在催我们结婚。我该和她结婚吗？——莫里茨，来自斯德哥尔摩

A：“不管怎样，先娶了她。如果她是一个好妻子，你们会很幸福；如果她不是一个好妻子，你会成为一个哲学家。”和一个还算不错的伴侣结婚，最后你可能会成为人民公仆。

Q：苏格拉底，每次考试我都很焦虑。你有什么建议吗？——桑德拉，来自马萨诸塞州

A：“未经审视的生活是不值得过的。”但被医生审视过的生活，却要花很多钱。

Q：苏格拉底，我女儿是玛利亚·凯莉的“死忠粉”，整天缠着我给她买演唱会的门票，我要支持她吗？——罗博，来自伦敦

A：“在欲望的最深处，往往潜藏着最致命的憎恶。世间只有一种善——知识；也只有一种恶——无知。”不对，等等，世间有两种恶——无知和玛利亚·凯莉。

Q：苏格拉底！我有一个稳定的男友，他也喝酒，但没有你喝得多，我在工作的时候总是担心他。我该怎么做？——苏珊，来自拉斯维加斯

A：“人生有两大悲剧：一是得不到自己想要的；二是得到了自己想要的。”同样，“不满足于自己已经拥有的东西的人，也不会满足于他想要的东西”。所以，嗯，很棘手。不然你试试脚踩两只船？

Q：苏格拉底你好，我是你的忠实粉丝！我在本地的酒馆实践过你的苏格拉底问答法，但后果很可怕。我因此被人打过四次，还曾被一整瓶杜松子酒和苏打水浇在头上。我哪里做错了吗？——蒂姆，来自蒙特利尔

A：是什么让你觉得自己做错了呢？

Q：……好吧，所有人都讨厌我。我想指出他们观点中的漏洞，但他们不想知道。

A：没有人会想要知道自己错了。教育的最佳方式，就是不让对方发现自己在受教育。

Q：……行，但是，为什么你的问答法要如此咄咄逼人？

A：喏，老师总要从中获得一点小乐趣吧，对不对？

TL；DR

虽然向苏格拉底咨询人生困惑，就像问一只可卡犬要怎样理财，但他做知心姐姐和问答专栏作家还蛮有趣的。

第八课

激发求知欲

为什么提出问题如此重要？因为对于那些精于诡辩黑魔法的人来说，很容易就会给出答案。商人、政治家和外交官都受过专门训练，他们不会给出真实的答案，不会按照听众的期待塑造答案，不会回答听众想知道和想得到的问题。问题就像梯子；而答案是蛇。

正是在提问中，我们真正感兴趣的东西被揭示出来。提问是新知识的起点。但并非所有的知识都是一样的。事实上，知识分为四种明晰的类型：

1. 知道自己知道：这是传统意义上的知识。我知道自己的年龄，希望自己的伴侣会比我年轻十岁。

2. 知道自己不知道：这是苏格拉底最引以为傲的知识种类。我知道自己不了解厄瓜多尔的首都。

3. 不知道自己知道：信念和迷信经常被归入这个范畴里。对于此类事物，我们要么假装自己不知道，要么对它们做出未经验证的假设。拥有对称脸型的人，能得到更多的约会机会。

4. 不知道自己不知道：真正的无知不仅是缺少某方面知识，而且是没有意识到自己的无知。它们是一堆你无法获得的知识，因为你甚至都没有意识到自己缺少它们。我完全不知道妻子会和送奶的小子私奔，我要是知道，当初就该吃素。

除此之外，知识还有另外两种类型：

1. 知道为何：也叫事实之知。喝醉了就不该爬楼梯。

2. 知道如何：也叫能力之知。知道在摔倒之后怎样叫救护车。

现在哲学界正经历着一场大辩论，即能力之知是否比事实之知更重要；二者是否真的分殊明晰，或仅仅是同一种知识包裹着不同的外表（就好像先锋现代艺术和大垃圾场的唯一区别只是前者被放在宽敞明亮的房间里而已）。

TL；DR

最危险的认知盲点就是不知道自己不知道：即那些我们没有意识到自己无知的领域。不管你是缺少能力之知，还是事实之知——从楼上掉下来的时候，缺少哪种知识你都会受伤。

第九课

还剩下什么问题

当你非常确定一个答案的正确性，不再去验证它还是不是针对原来的问题时，可能会产生恶劣的后果。比如，皮克斯动画工作室的电影《机器人总动员》。可爱的小机器人瓦力，他的工作是清理地球上的垃圾。虽然地球已经被废弃很久了，但他还在一个人（除了他的宠物蟑螂）继续这项永远也无法完成的任务。他一直投入在战斗当中，完全没有察觉事实上自己早就输了。有时候，我们的社会就像瓦力一样，特别执迷于自己给出的答案，以至于丢掉了最初的问题。这些答案变成了空洞的教条：它们不容置疑、神圣不可侵犯，一成不变。

这是德裔英国哲学家恩斯特·弗里德里希·舒马赫在他很有影响力的著作《小的是美好的》（放心，这本书里讲的小，可不是银行存款、智商或者男人的胯下之物）中为我们上的重要一课。在书中，舒马赫巧妙地论证了，我们把一个社会的成功等同于 GDP 是何其错误。而这个错误又让我们确信 GDP 的增长毫无疑问是好的。他将此种信念比喻成巨人症。

对他而言，巨人症是说明答案失控的绝佳例子：GDP 的信念让我们把自然资源视为可以消耗的资产，而实际上，它们更接近一次性的投资。舒马赫说，如果你观察自然界，会发现并没有那么多增长。相反，你会看到一种平衡。这种平衡正在被巨人症威胁着。

为了避免陷入错误的答案，我们这些厕所哲学家必须承认，或许存在两种不符合直觉的事物。首先，答案会随着时间的推移而改变。当地球人口是 200 万时，GDP 的增长是有益的；但当人口达到 70 亿时，好处就没那么多了。原则上，瓦力清理地球垃圾是对的；但是，放眼整个地球来评估，当所有人类已经为了生存移居到别的星球时，他的工作就毫无意义。

《小的是美好的》尝试重新评估其中一个我们最广泛接受的答案。这本书还呼吁了一种解决方案，即承担小的风险——虽然革命这个词听上去很性感，推翻旧有的体系也令人兴奋，但稳定的革新常常是最佳选择。因为，即便失败了，我们也有机会恢复。如果我们把所有筹码都押在一个答案、一种解决方案和一条路上，把我们所有的资源都押在红色赌注上，那么当小球落到黑色赌注上时，一切都玩完了。

直面恐吓、嘲笑和被社会流放，这种重新评估和挑战现状的意愿，正是所有伟大哲学（和晚饭聊天时）的核心。

TL；DR

当问题已经失效许久，却还在固守着原来接受的答案是危险的。舒马赫的《小的是美好的》一书挑战了“越大越好”“增长最棒”这类社会口号。不断重新评估答案是哲学的核心所在。嗯，除了小的，“粗花呢”也很美。

第十课

图解哲学（第二部分）

哲学的目的是什么?

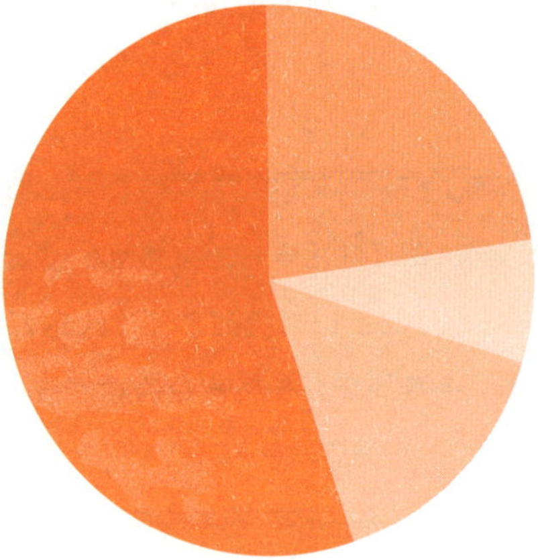

- 55% 失业
- 23% 在聚会上吸引别人注意
- 15% 消灭别人认为神圣的理念
- 7% 用奇怪的术语蛊惑他人
- 0% 得到有意义的答案

无知之谷

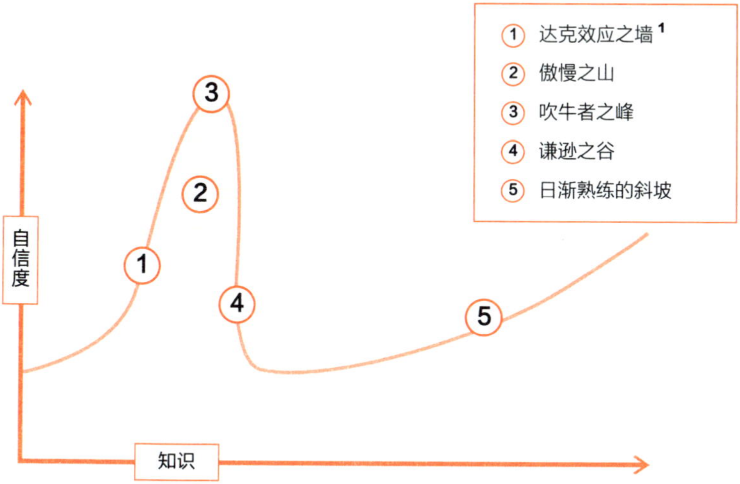

TL；DR

对你的职业生涯来说，哲学的作用和文身差不多，但它（以及杜松子酒和苏打水）是派对上吸引人的最好方式。通往知识的道路比腌黄瓜、陡峭山路和月球的表面还要崎岖不平。

---

[1] 达克效应，全称为邓宁－克鲁格效应，是一种认知偏差。指的是能力欠缺的人有一种虚幻的自我优越感，错误地认为自己比真实的情况更加优秀。——译者注

第十一课

对真理别太较真

如今，对于说地球是平的，或者相信照相会被摄走魂魄的人，我们会嗤之以鼻。我们嘲弄这些幼稚的傻瓜把可笑的信念视为知识。不过，理智地说，当我们知道今天自以为明了的东西，或许明天也同样会被后辈嘲笑时，为什么还要假装具有这方面知识呢？一想到它曾为人类带来一连串的失望、公然的羞辱和欺骗，实在难以理解为何真理的声誉还能保持得如此清白？

也许真理是一剂相当诱人的灵丹妙药，因为它为我们带来了弥补人类根本缺陷的希望：虽然我们转瞬即逝，但真理却永恒闪耀；虽然我们充满瑕疵，但真理是无可辩驳的；虽然我们处处受限，但真理是绝对的（就像瑞典的绝对牌伏特加一样）。对于我们这些有思考能力的凡人来说，真理是我们面临生存恐惧时的一针解毒剂。

如果我们能够发现真理，即事物的真相是什么，以及它们是如何运作的，那么，我们不但会获得秩序和理解能力，而且可以超越固有的生理极限和缺陷。面对自身的弱点，人类会下意识地扭转它们，开始把它们偶像化。因此，借助于膜拜真理，我们实际上是在膜拜自己那些被伪装了的缺陷。

这是一个巧妙的心理小把戏，但就像法术一样，用合适的自拍角度，为穿着性感找个合理借口，真理总能瞒住我们。除了某些数学上的事实之外，其他一切都随着时间的推移而改变，而且，绝大多数事物不止改变一次。从真理到谎言，再到真理，这之间的唯一区别往往就是过往时间的累积（和书籍厚度的增加）。对于某个特定的真理而言，我们越是笃定，有朝一日发现它只不过是另一个神话、另一种沿袭的惯例或认知上的错误转向时，我们就越会感到不适。

因此，亲爱的厕所哲学家，试着放开真理、答案和知识这些想法吧！它们只会让你陷入困境。多数时候，那些贩卖真理的人，不过是在用可爱的小包裹贩卖有趣的故事，好让你每个月订购。而且，你永远也搞不清楚自己说的话、想的事和感受到的东西有多少是真实的。使用别人发现的真相会毁掉所有乐趣。这就好像在一个早就破了案的犯罪故事里扮演侦探。

当我们在这门哲学课程中继续深入学习时，你可以大笑、嘲弄、斟酌、思考、相信、假设、惊奇，也可以做梦，但不要让自己被“知识”和“真理”这类美妙的小词蛊惑。如果不较真，那世间的一切都会好很多（除了求婚、生死攸关的情景和家庭大富翁游戏，这些事儿你可得严肃对待）。真理让人感觉良好，但在现实中，它是无法获得的。这早就被一个叫作“明希豪森三难困境”（参见下一课）的小东西证实了。

TL；DR

真理在很大程度上只是一个诱人的幻觉。如果我们对真理不那么较真，状况会好很多。问题永远比答案更有趣（名人八卦比问题还要有趣得多）。

第十二课

与明希豪森三难困境有关的真理

明希豪森三难困境是由德国哲学家汉斯·阿尔伯特构想出来的，用以解释为何所有命题都永远无法被完全证实。如果是借由逻辑结论得出，那么，所有宣称是真理的答案和断言，都会陷入三个困境之一：无证断言、无穷倒退和循环论证。

困境 1　无证断言

也被视为教条。在一个无证断言中，前提为自身提供证明。“X 是真的，得了吧！因为 X 就是 X 啊！”“人人都知道”以及“因为这是显而易见的”，这样的短语足以说明你已经不再愿意继续探求真相了。诉诸此类“常识”或者“显而易见的真理”永远不会揭露出任何新东西。它只是为了确保在有人说出没人想听到或不允许听到的话之前，对话得以终止。“人人都知道独角兽的味道尝起来像焦糖。我的意思是，得了吧，这还用说嘛。”

困境 2　无穷倒退

前提要以不断诉诸其他前提的形式存在。只要我们证明 W 为真，则 X 为真，而证明 W 为真的前提是证明 V 为真，证明 V 为真的前提是证明 U 为真。“因为宇宙存在，所以我们存在，宇宙的存在是因为上帝创造了宇宙，上帝存在是因为……”

困境 3　循环论证

一个论证以自身作为证明的依据。X 为真是因为 Y，而 Y 为真是因为X。“《圣经》是上帝说的话，因为在《圣经》里上帝是这么说的。”

这个三难困境以臭名昭著的吹牛大王明希豪森男爵命名。这个厉害的男爵宣称，有一次他骑着马被困在一片沼泽里，拉着自己的头发就从里边出来了。在试图找到答案和无可辩驳的真理的过程中，我们就像明希豪森男爵一样。在我们自己建立的观点中，我们无法保持中立，也无法与它们保持距离。我们始终会困在自己的信念泥沼中，试着抓住头发把自己拉出去。

对你来说，这听上去很可怕，因为这三个困境似乎颠覆了哲学最根本的有用性。但是，事情并不像看起来那么糟糕。作为一位厕所哲学家，你要把自认为有所知这种谬误，置换成确信自己不会被花招欺骗，而去相信一些根本不可能的事（当然，除非陷入谬误会给你带来好处，比如相信牙仙、圣诞老人或者至死不渝的爱情）。

TL；DR

明希豪森三难困境说明，所有自称为真理的答案和主张都会陷入这三个困境中的某一个：无证断言；无穷倒退；循环论证。尽管如此，你还是会碰到很多言论，坚持声称他们抓住头发就把自己从谬误的泥沼中拉出来了。

第二章

真理与融贯性

第十三课

电视台洞穴

想象一下，你在出生后，被人从挚爱的父母身边带走，与其他两个同龄婴儿一起放在一个房间里。在这个想象的世界中，你对于水、活动、尿布、爱和巧克力蛋糕之类的基本需求都没有。你是一个非常非常好养活的人，每天安静地坐在那儿就很开心。

这个房间有一个沙发和一台电视机。电视每天 24 小时都在播放，频道锁定在某某台的节目上。你把它叫作“哇”，这也是你对现实的看法。18 年转眼就过去了。

如果这辈子只看过“哇”，你觉得自己会如何理解世界？关于人性，你认为那些不好的电视节目会教你什么？

有一天，你设法逃出了房间，小心翼翼地步入“真实世界”。起初，你完全不知所措。但随着时间的推移，你慢慢适应了外面的世界。你意识到，自己原来通过“哇”看到的世界只是电视对现实世界的一种描绘。电视只向你展示了一小点色块，而实际上这个世界存在着一整片人性的色彩光谱。

你要返回房间告诉其他“囚徒”伙伴自己的发现吗？对于外面的世界，你又会向他们描述什么？如果他们完全没有理解这些东西的经验，你该如何向他们解释呢？这会不会类似于向一个盲人解释什么是蓝色？

你返回房间，发现“囚徒”伙伴和你离开时没什么两样，他们看着别处，似乎完全没有察觉到你离开过。你又坐回自己原来的位置上。当他们看访谈节目时，你说道：“那根本就不是真实的客厅，只是客厅在电视机里的影像。”

其中一个“囚徒”伙伴回应道：“你在说什么呢？”他说这话的

时候眼睛还盯着电视屏幕。

你从沙发上跳起来说：“我在说真实世界！”

“这就是真实世界！”另一个伙伴指着“哇”说。

你大声狂笑：“根本不是。它就是一个平面，甚至连真实世界的一道影子都算不上。全都是假的。我已经见过真实世界了。”

“闭嘴吧！”其中一个人站起来对着你叫嚷，“你这个谎话精。”

他推了你一把，你后退坐回到沙发里。暴力的恐吓充斥着房间。你想继续争辩，但电视节目开始了。Eudaimonia——希腊语中所说的对幸福和人类福祉的追求，在对抗电视真人秀里的戏剧场面、迷人的桥段和高度主观的设计时，显得如此无能为力。于是，你坐下来和大家一起观看。

TL; DR

如果你一辈子都被锁在一个房间里，陪伴你的只有一台电视机，那么，关于真实世界你能知道些什么呢？你能理解它吗？能在现实中生存下来吗？当你成为自己的囚徒，你能忍受斯德哥尔摩综合征吗？如果这件事发生在斯德哥尔摩，是不是应该叫斯德哥尔摩的斯德哥尔摩综合征？

柏拉图（未）被验证的信念

电视台洞穴是柏拉图洞穴隐喻的一个现代范例。柏拉图相信，在我们的日常世界之下，存在着一个非物质的，但又极为重要的“理念”世界。在日常、不完美世界中，我们被困在一个洞穴里，除了面前的墙壁上投射的影像，我们看不见现实——而这些影像就来自那个纯粹的、完美的形式世界。

柏拉图相信，唯有理性的思考才能让我们溜出这个洞穴，进入纯粹理念的真实世界。洞穴隐喻经常被视为柏拉图全部哲学思想的基石。他创造洞穴隐喻的时候，哲学和科学尚处于初期阶段。国家、宗教和神话之间，几乎没有什么分别。这个简明的洞穴隐喻帮助柏拉图通过哲学推销理性的观念。这就是它为什么如此值得关注的原因。

在他的隐喻中，洞穴外阳光明媚（假如这个洞穴不是在英格兰的话），这代表了善的理念。太阳的光线使世界本来的样子得以显现，这为那些足够聪明的人提供了抓住这个理念，从而逃出他们各自洞穴的机会。获得自由之后，他们就可以验证关于世界如何运作的假设，把真知与教条和迷信区分开。

一个人怎样才能逃出洞穴呢？依靠理性。柏拉图有一套理性知识的框架，我们如今把它称作“被验证的真信念”（简称：JTB）理论：假设一个命题 C 为真，并且是被 P 验证过的信念（要相信它为真），那么，我们就把 C 称为知识。让我们具体分析一下这个理论框架：

1. C 为真。显然这个命题肯定是对的，因为所谓知识就只会与真实的事物相关。

2. P 相信 C 为真。你只能知晓自己相信为真的东西。

3. P 经过验证相信 C 为真。一定有某些好的理由让你相信某事为真，以此把你的信念与单纯的假设和猜测区别开。

哲学家们是如此喜爱柏拉图的 JTB 理论，以至于这种观念在过去的 2000 年中成为哲学界的黄金标准，为我们生存于其中的那个缺乏理性的黑暗洞穴带去了光明。

TL；DR

柏拉图觉得我们所有人都生活在一个洞穴里，人们只看得到理念投射在墙上的影像，却看不到真理。走出这个洞穴的最简单的方式，是确保自己具有真实并且被验证过的信念。如果失败了，你就能领着游客在黑暗的山洞里旅行，赚得盆满钵满。

第十四课

百分百保真电影海报

第十五课

柏拉图小档案

影响力：★★★★★★★★☆☆

国　籍：古希腊

时　期：公元前427—公元前347

追随者：亚里士多德、普罗提诺、奥古斯丁

生平

柏拉图是苏格拉底最有名的学生。他是一名多产作家，而且建立了一所自己的学校——柏拉图学园。他和自己的学生亚里士多德共同奠定了整个西方哲学的基础。他还因某些哲学家常说的一句名言而知名：整个西方哲学史不过是柏拉图的一个注脚罢了。

最棒的点子

理念论。对柏拉图而言，我们看到的所谓“真实世界”不过是由真实事物的影像组成的。所以，与一个凳子相关联的是“完美凳子”这个理念。但完美的凳子并不存在于我们的世界中，它属于理念世界。理念世界是无法借助于感官感知到的，因为感觉具有迷惑性，所以最好借助理性思维到达理念世界。也只有通过理性推理（或偷偷行贿），人们才能获得准确的知识。

最糟的点子

柏拉图认为，一个国家只有在哲学家的统治之下才是正义的。他差点就成功说服古希腊西西里岛的叙拉古僭主转向哲学，作为哲学王来统治城邦。不过哲学王的实验遭遇惨败，很快化为灰烬，而且使叙拉古陷入了经济衰退和战乱。

逸事

柏拉图曾经尝试给“人”下过一个定义。他认为，从理论上来说，人最好被称作双脚直立的无毛动物。来自锡诺普的第欧根尼听到这个定义后，立即来到菜市场抓起一只公鸡，付过钱后把公鸡的毛全部拔掉，兴高采烈地大喊：“看吧，柏拉图！这就是你说的人类。”不过，柏拉图与其说有幽默感，不如说是个有原则的人，他没有放弃自己的定义，而是在定义里加了一句“还要有扁平指甲”。

名言

“拒绝参与政治事务的惩罚之一是，你最终会被糟糕的人统治。”95% 的政治家搞臭了剩下那 5% 的名声。

“有智慧的人说话，是因为他们有话要说；愚昧的人说话，是因为他们得说点什么。”说话是银，沉默是金，社交媒体是白金。

“爱情是一种严重的精神疾病。”下半身精神分裂症。

柏拉图的厕所

① 博士帽：公元前387年，柏拉图创建了一所非常有影响力的学校——柏拉图学园。

② 旅行手册：他很喜欢四处游学。

③ 摔跤背心：他曾经是一个摔跤手。

④ 钱：他出身显贵。

⑤ 鹅毛笔：他也是一个剧作家，被认为对希腊文学做出过重要贡献。

⑥ 流行文化中的对应人物：《星球大战》中的尤达大师。这两个人在周围人眼中都是伟大、智慧的象征，总有人让他们提供意见和指导。但两个人的话说得都含含糊糊，不够简洁。具有讽刺意味的是，尤达大师让天行者卢克到一个洞穴里去寻找真知，而柏拉图却希望我们所有人都走出洞穴，看看洞穴之外世界的真实样子。

TL；DR

柏拉图是苏格拉底的学生，他为整个西方哲学奠定了基础。他有点像尤达大师，是一位有影响力的圣贤。柏拉图希望我们所有人都来到阳光下，或许他是想向我们贩卖冰激凌、防晒油和治疗密集恐惧症的药物，以此来发家致富吧。

第十六课

通向谬误的正确方法

一个美妙的夏日，你钻进附近一家便利店买冰激凌。出来的时候忽然听到有位女士在尖叫。一个戴黑色眼镜、留胡子的男子，穿着一件蓝色T恤从你身旁跑过。你转向右边，看到一位老妇人正躺在地上声嘶力竭地哭喊。你跑过去帮助她，其他人也围过来。她解释说，一个身穿蓝色T恤的男子，刚抢走了她的手提包。

几分钟后，两辆警车赶到。因为你曾看见嫌疑人跑过，所以向警察描述了他的样貌。你告诉他们："他是一个年轻人，留胡子，短发，穿蓝色T恤，戴黑色眼镜。"其中一位警官把这些信息用对讲机发送出去。你留下来安慰这位女士，过了一会儿，警察通知你们，他们在附近逮捕了一个身穿蓝色T恤、戴黑色眼镜的男子，他身上正带着这位女士的包。

所有人都向你道谢。你像个英雄似的回家了。但是，当你转向自己家的街口时，正好看到同一个留胡子、穿着蓝色T恤的男子。你惊呆了！他不是已经被捕了吗，怎么会在这里？男子再次从你身旁慢跑而过，汗水浸透了T恤。

你花了好一会儿才想明白是怎么回事。这个人才是你刚刚从便利店出来时看到的那个，他不是抢劫犯，只是一个在附近绕圈跑步的人。他并没有跑路，只是在跑步而已。而真正的抢劫犯，或许已经从反方向逃掉了，在你从店里出来之前就没影了，你从未看到过他。很巧，这个跑步的人和抢劫犯都穿着蓝色T恤，留胡子，戴着黑色眼镜。但你并不知道这些。你做出的所有假设都是错的，但却得到了正确的答案。

那么，问题来了：你对那个抢劫犯的描述是正确的吗？如果你的所有推理后来都被证明是错误的，那你还能说自己一开始是对的吗？

TL; DR

如果所有过程都是错误的，那还能说自己得到的是正确的答案吗？要是对的感觉如此强烈，它又错在哪里？你要跑得多快才能超过真理呢？

第十七课

盖蒂尔难题

1963 年，美国哲学家埃德蒙德·盖蒂尔发表了一篇只有两页半的短文，在这篇文章中，他用几个巧妙的例子揭露出 JTB 理论框架的根本缺陷。他展示出，相信某件事，这个信念得到验证，甚至结果是正确的，但仍然可以说，你对这件事一无所知。这个观点有些复杂，让我们用 JTB 理论框架再次考察一下上一课的抢劫故事。

1. C 为真。劫匪穿着蓝色 T 恤。被抢的老妇人也这样说。

2. P 相信 C 为真。根据她的描述，你相信劫匪穿着蓝色 T 恤。

3. P 经过验证相信 C 为真。老妇人告诉你劫匪穿着蓝色 T 恤，你看见一个符合这个描述的人，正从犯罪现场跑出来。

从哲学上来看，你的信念符合 JTB 理论的标准。但是，对于真正的劫匪，你其实一无所知——你只是恰好对于和真实劫匪有共同特征的那个人，有一点点了解。诸如此类的事例颠覆了 JTB 理论，同时为哲学家提出了一个重要的问题（或者是一个无休无止的争论，直到所有人都厌烦的问题）：如果你的正确答案来自错误的前提，那么严格来说，你还是正确的吗？

有些哲学家会咬牙承认你是对的。虽然你的所谓正确，和一座坏了的时钟每天也能显示两次正确的时间没什么差别。

伴随着 JTB 理论框架的颠覆，许多人也急于尝试证明盖蒂尔是错误的，而且开发出许多新的知识模式来替代 JTB 理论。然而，提出的那些修正方案并未被普遍接受，所以至今也没有确立更新的知识模式。结果，许多哲学家会选择性地无视盖蒂尔提出的挑战，就像一个漫画角色从悬崖上跑下来一样，只要没人承认问题的存在，一切照常。

真理是知道胡萝卜中含有维生素A，可以帮你在黑暗中看得更清楚；智慧是别拿它们当手电筒用。

真理是知道要按写着“我已阅读相关条款和条件”的按钮；智慧是关于那些所谓的条款和条件，你只读了按钮上的这几个字。

真理是知道你的社交网络上有867个好友；智慧是世界上只有12个人会借给你20块钱。

真理是知道这件商品打五折；智慧是知道即便打五折还是要比成本贵一倍。

真理是知道影院上座率只有50%；智慧是知道有99%的可能，一个大个会过来刚好坐到你前边。

TL；DR

真理和知识并不相同，但智慧能够调节它们的差异。能够认出谁是浑蛋，和掌握什么时候你自己会变成一个浑蛋这种智慧之间，始终存在着不同。

第十九课

真理的条款和条件

解释一个命题为真的条件并不难，对吧？如果它是一个事实、一个现实存在，或者一件无可争议的东西，那就是真的。但是，现在思考这样一句话："矮精灵很小。"是因为这句话精确再现了世界中的某样东西才为真吗？或者单纯是因为我们对矮精灵很小达成了共识？如果有人不认可呢？我们怎么知道在头脑中打转的那些想法是不是正确的？

以下是关于真理最重要的四种理论：

1. 真理符合论

由于得到现实的确证，所以为真。例如，假如我们遇到的所有 ××× 的粉丝听力都有障碍（显然不太可能），那么，"××× 的所有粉丝都是聋子"则为真。

优点：我们可以借此观察和评估世界。

缺点：这些观察是主观的，而且需要去解释。我们怎么确定已经找到了所有 ××× 的粉丝？又如何来定义"粉丝"和"聋子"。

2. 真理融贯论

基于其他真理而为真。例如，"银河统治者兹努将灵魂带到了地球"为真，是因为在《运行希坦第三层》的书中就是这么说的；此事为真，因为是修炼过 OT III 的教徒告诉我的；此事为真，因为罗恩·贺伯特这样写的；此事为真，因为我花了很多钱才得到这个信息。

优点：不用考虑协调所有事情。

缺点：你的真理依赖于其他真理，但其他真理可能仅仅在少数的事例中才成立。

3. 真理的实用理论

因为我想让它为真，所以它才为真。例如，如果我装作拉斯维加斯发生的事不存在，事后也不会起诉你要抚养费，那么，“拉斯维加斯发生的事，就让它留在拉斯维加斯”则为真。

优点：很实用。真理是心理层面的，你自己做主。

缺点：真理只是相对于你的，缺乏独立的可验证性。

4. 真理的语义理论

语言使其为真。例如，德国纳粹宣称“雅利安人是最优等的种族”。如果我们接受“日耳曼人”是“雅利安人”，“最优等”的意思是可以对其他种族实施迫害的话，那德国纳粹的话就是真的。

优点：我们的语言可以为事物赋予真理价值。

缺点：我们的语言就像保鲜膜上的黄色橡皮鸭，是人工产品。

TL；DR

对于何为真，存在着许多理论——符合论、融贯论、实用主义和语义学等等。如果你觉得这些就已经足够让人糊涂，别焦虑，哲学家也一样。真理没有使用说明书、条款和条件，也没有退款政策。就像遇到独臂强盗、二手车和三条腿的马，买家可要小心了。

第二十课

在我所有已失去的东西中，最怀念的就是真理

相比于把真理想象成某种能够被占有的所有物、某个物理实体，我们必须把它视为更接近于行动、行为或对意图的表述（比如，商人经常会“生产”真理）。

真理的本体论

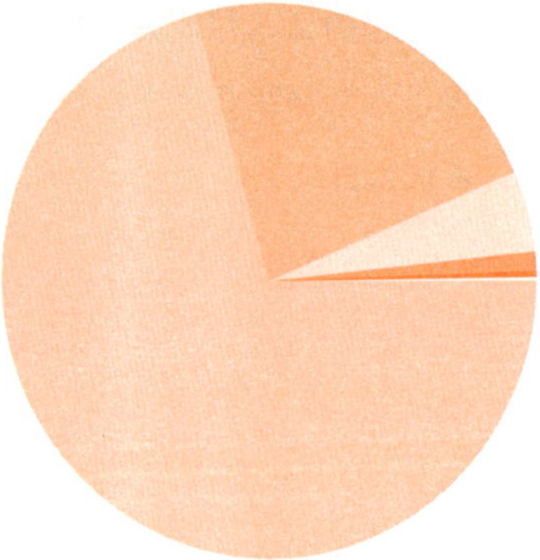

- 74% 的事情，我们或许永远都不知道自己对它们一无所知。
- 24% 的事情，我们对它们一无所知。
- 4% 的事情，我们知道，但以后会证明它们荒谬得可笑。
- 0.6% 的事情，我们准确知道。
- 0.005% 的事情，算命的人知道。
- 0.001% 的事情，你打午夜情感热线，会有人告诉你。

真理的光谱

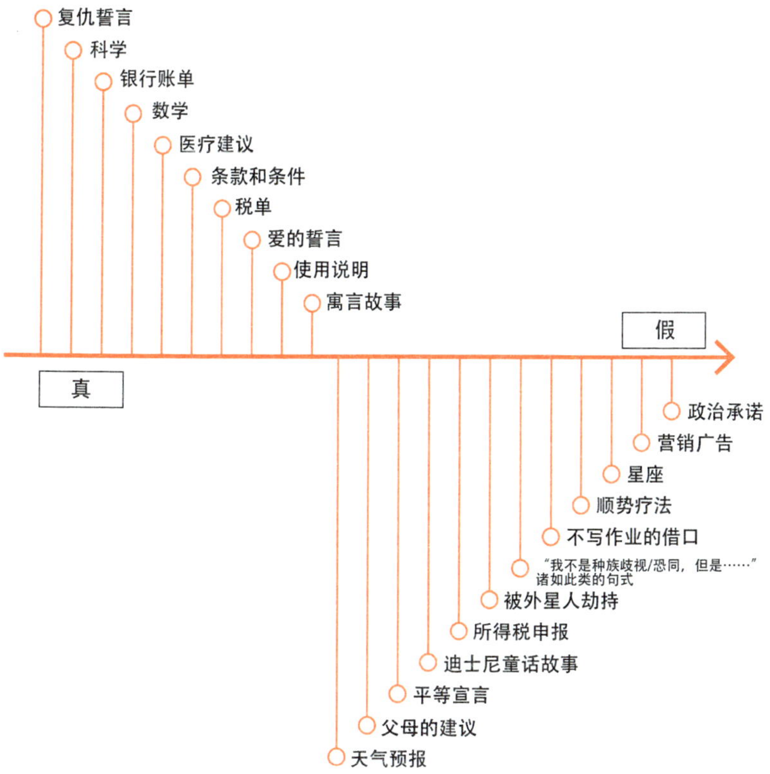

TL；DR

真理很难被驯服，而大多数公关人士、巫师和算命先生都把自己的事业建立在不与它去较真的基础上。要像法国作家安德烈·纪德说的那样做，“相信那些探索真理的人，质疑自称已经掌握了真理的人”。

第三章

存在与目的

第二十一课

大众巴士奥托

设想一下，五年前，你在音乐节上认识了一个长头发的嬉皮士乔治，你从他手里买了一辆深蓝色大众牌巴士。这辆车是1974年出厂的限量款，配有折叠双人床和家庭影院。你对它一见钟情。这五年，你和这辆取名奥托的巴士周游世界，遍历山海；每个夜晚，你躺在床上从巴士的天窗仰望着浩瀚的星空，感觉无比幸福（也经常烂醉如泥，因为你又在车里加了一个迷你啤酒冰箱）。

由于奥托是一个老旧的、有些颤巍巍的朋友，所以每次旅行终了，你都要对它进行修理，换掉旧零件。

有一天，你望着保留下来的一堆换掉的旧零件时，忽然惊讶地意识到，奥托身上的每个部分都被换过了。唯一没被换过的就是后视镜上挂的那个破旧的红色毛绒挂饰。你不禁在想：

如果每个部分都换新了，那这辆车还是原来的奥托吗？如果不是原来的它，那么，到了哪一个点它就不再是你的老朋友了呢？50%的零件被换过的时候？66%？还是 90%？

是的，最后你觉得，它还是你的奥托。它身上每个单独的部分都不重要。

接着你想出来一个主意。你可以用所有这些旧零件再拼装出另一辆大众巴士。但是，这又会出现另一个问题：

如果所有零件都被换过的奥托还是原来那辆车，那眼前这辆用旧零件新组装的巴士又是谁呢？它是真正的奥托吗？难道有两个奥托？

这个问题在两千多年前的古希腊就已经被哲学家注意到；同样的事情发生在一艘船身上，它的主人叫忒修斯（这件事说到底是在赞美古希腊罗马时代零件的耐用性和性价比嘛）。

对于这个难题，如果你想要听一个不那么抽象，符合流行文化的版本，我们可以用“甜心宝贝”乐团的悖论做例子。甜心宝贝是 21 世纪初英国一个三人女子流行乐团。在某一时刻，甜心宝贝的老成员一个个离开，并由新成员补位。但她们始终叫甜心宝贝，只是现在三个人都不是创建乐团时的老成员。后来，最初的三个成员放下分歧，用另一个名字重新组建了乐团。所以，随之而来的问题是，到底哪个才是真正的甜心宝贝（不过，她们十年都没有发过一首新歌了，谁在乎哪个是呢）？

TL；DR

如果把一件物品的每个部分都换掉，原来那件物品还在吗？或许更重要的是，为什么新零件总是要比换下来的旧零件贵那么多？

无物常在，万物皆流（包括女团）

忒修斯之船的难题可以追溯到古希腊哲学家普鲁塔克和赫拉克利特之争当中，他们又将问题导向了另一个方面，不是关于船，而是关于河。由于河水无时无刻不在流动，当你再次把脚伸进河里时，它还是同一条河吗？人能不能两次踏进同一条河流？

现在做出你的决定，然后看看你的答案是否和这些哲学家的想法相同：如果你认为这始终是同一条河流，那你和古希腊哲学家赫拉克利特类似，他认为，虽然河流在变化，时间在流逝，但河流本身不变：“一切都在变化，唯有变化是永恒的。”如果你认为它变成了新的河流，那你和古希腊哲学家普鲁塔克类似，他显然也与自己的奥托情感深厚，他说，这不可能是同一条河流，因为河流本身“分离又聚合，靠近又再疏远”。如果你的观点介于二者之间，那说明你是墙头草，不过没关系，亚里士多德也是这种。他认为，一个对象不止是一个对象、一个客体，而且这个对象是由诸种“原因”构成的：

1. 质料因 = 生产奥托的原料
2. 形式因 = 奥托的组成形式，这种形式使奥托被视为巴士
3. 动力因 = 把奥托的各个部分组合在一起的程序
4. 目的因 = 奥托存在的目的（为你提供汽车享乐）

随着时间的流逝，奥托的部件被置换，但或许你只是缓慢地改变了它的质料因，其他的都没有变化。

TL；DR

人究竟可以踏入同一条河几次？对于诸如此类的问题一直存在争论。不过可以肯定的是，你一定会浑身湿透，所以要解决这个问题之前多穿点。

第二十二课

亚里士多德小档案

影响力： ★★★★★★★★★☆

国　籍： 古希腊

时　期： 公元前 384—公元前 322

追随者： 每个人（一般只是指“哲学家”）

生平

亚里士多德是那种很让人讨厌的人，因为所有人在他面前都显得很蠢。作为一个多产的思想家和作家，他几乎在古希腊所有大众研究领域都有建树——逻辑学、政治哲学、修辞学、知识论和伦理学等等。

最棒的点子

三段论。亚里士多德是最先认识到逻辑学力量的思想家之一。把事物分门别类，这样你就能定义它们的原因和本质，以便更有利地进行分析。把事物系统地拆解开，而不是将它们看作一大摊杂乱的堆积物，你为它们创造了法则。例如，可以把动物分为哺乳动物、鸟类、鱼类、爬行动物、两栖动物和无脊椎动物等等。这种推理过程引导亚里士多德创立了三段论：如果所有的 A 都是 B，而 B 是 C，那么 A 也是 C。

如果基努·里维斯（A）是一个男人（B）

↓

所有男人都放屁（C）

↓

那么，基努·里维斯（A）也放屁（C）

不管你相不相信，这是人类有史以来设计出的第一个形式逻辑体系。

最糟的点子

大脑是一个散热器。亚里士多德相信，人类之所以比其他动物更聪明，是因为我们的血液温度刚好适宜。在他看来，以降低人类过热血液温度为主要功能的器官就是大脑。整个大脑是一个疏导多余热量的散热器，所以，在他看来，鼻子在流鼻涕就明确说明身体正在散热。虽然我们不清楚“保持头脑冷静”这句话是否来自古希腊，但如今看似荒谬的散热器观点，在当时是理论界严肃讨论和争辩的话题。

逸事

一个游学而来的哲学家在亚里士多德面前演讲。不幸的是，这个演讲丝毫没有引起他的兴趣，在听了一小时无聊的独白之后，亚里士多德打起了瞌睡。客人发觉后用不快的语气质问这位伟大的哲学家说："你必须在我说话的时候睡觉吗？"亚里士多德回答道："不，完全不是，我是自愿睡着的！"

名言

"每天反反复复做的事造就了我们……"我们大部分人都由无所事事、网上的黄片和饼干构成。

"……那么，优秀不是一种行为，而是一种习惯。"如果习惯是不断重复的行为，而行为是信念的体现，信念又是累积起来的思想，那么，为什么我们不能把自己的行为方式视为优秀呢？

"一个受过教育的头脑，其标志是不接受某种思想，但却能够容纳它。"一个哲学头脑的标志是能够接受某种思想，但绝对不会用它去取悦任何人。

亚里士多德的厕所

① 皇家勋章：马其顿国王腓力二世曾邀请亚里士多德担任儿子的老师，也就是后来历史上伟大的亚历山大大帝。

② 蝴蝶标本：亚里士多德曾一边游历莱斯沃斯岛，一边研究动物学。

③ 阿拉伯语书籍：据说亚里士多德的著作只有三分之一保存了下来，而这些残本得以流传还要感谢阿拉伯科学家的努力。

④ 尼各马可的照片：亚里士多德的儿子尼各马可年轻时死于战争。

⑤ 听诊器：亚里士多德出身高贵，他的父亲是一位医生。

⑥ 彩虹：他和一位年轻的学生阿比多斯的帕拉图斯，有过一段“基情”绯闻。

⑦ 流行文化中的对应人物：电影《X战警》中的查尔斯·泽维尔教授。两个人都极具天赋，他们在各方面都颇为出色，而且将自己的聪明才智散播出去。他们都创建了自己的学校，而且不得不对付那些令人头疼的学生。亚里士多德有一个叫亚历山大的学生，他是国王的儿子。亚历山大完成学业之后，便开始了征服全世界的旅程。他成功了，为自己赢得了更伟大的头衔“亚历山大大帝”。他的许多功业都是在亚里士多德的陪伴下取得的。

TL；DR

亚里士多德是一位极为多产的古希腊哲学家，他在所从事的各个知识领域都取得了伟大的成就。除了散热器。

第二十三课

存在的巨链

在中世纪，学者们痴迷于为事物分级排序。他们想要揭示出，一切事物和生命都处于严格的等级结构当中。亚里士多德就创建过此类等级阶梯，被称为自然的阶梯。基督教学者采纳了他的理念，但认为这个阶梯缺少一样东西：亚里士多德并未在人类之上设置一个更高的等级。因而，经院哲学家在阶梯的顶层为上帝留了一个特殊的位置，他像一片祥云若隐若现地飘浮在天空中。这个等级体系就是我们今天所说的：存在的巨链。

这是一个简单的体系。由于石头们无法结成联盟，所以它们不能抱怨，必须待在存在阶梯的底层，而且得不到其他任何好处。顺着这个等级结构向上看，越往上，每个分支就会具有更积极的特征，同时与下边的等级保持距离。植物不仅是存在物，而且具有生命。动物能够移动，而且有欲望，随后是人类等级，下层等级的核心特征人类都具备，而且还附赠了额外的温泉周末。

虽然按照这个等级，自然被视为一个统一的概念，但这个阶梯最大的问题是不允许你逾越自己的位置，特别是当你处于顶端的时候。无论这个位置好坏，你都会被困在那里，尤其当你是一块石头的时候。这大概解释了为什么达尔文的进化论没有在一开始提出的时候就取得巨大成功；因为进化论与存在的巨链所设定的那些分离和固定的等级互相矛盾，它只提供了更令人焦虑的选择压力和适者生存的法则，让自然的阶梯坍塌，让每个人（和他们的自私基因）在一大堆自然选择中激烈竞争。

令人惊讶的是，亚里士多德的观念在今天仍然能够引起共鸣，这或

许因为我们依然幻想自己在自然阶梯的顶端，虽然树木从未做过愚蠢的事，比如发动战争或者发明男子乐团等劳什子。

TL；DR

人们曾经相信世界由一个固定不变的存在等级结构组成。如果你想位列顶端，联合起来，而且千万不要做石头。

第二十四课

发现你的无目的性

以亚里士多德的分类为基础，古希腊哲学家和中世纪经院哲学家进一步发展了自然的阶梯。经院哲学家相信，从植物制造氧气，到羚羊成为狮子的午餐，每一个生物都有一个目的，有一个在生命的轮回中展现出来的用途。除了人类。如果万物都有目的，那我们的目的是什么？我们为什么在这里？如果一切都不重要，那一切又为什么存在？如果一切都很重要，其中最重要的又是什么？我们如何过一种有目的的生活？

对意大利哲学家米兰多拉来说，问题的答案非常简单：经院哲学家错了——我们没有目的。我们是唯一没有明确的、被限定的命运的存在物。与石头、植物和海豚不同，我们自己决定何种生活是值得的。我们可以集邮，也可以收集蚂蚁，我们可以爬山，也可以爬上床。所有的一切都同样值得去做，它们既让人感到自由，也使人恐慌。

对米兰多拉而言，能选择自己的目的和命运是尊严的终极来源。正如上帝可以选择创造万物，我们人类也可以在生命的框架内选择。我可以把时间花在任何想做的事情上。他认为，正是这种自由让我们具备了神性。

因而，下次当你的伴侣走进房间，看到你正把脚放在茶几上望着窗外，他 / 她问你在干吗（怎么不洗衣服）时，你只需要笑着回答“啥也没干”。因为我们的朋友米兰多拉相信，即便你没有目的也完全没问题。

TL；DR

按照哲学家乔瓦尼·皮科·德拉·米兰多拉的说法，人类是唯一没有生存目的的生物。这使得我们神圣，但却毫无用处。就像棉花糖。

第二十五课

个性从何而来

（提示：可不是送子观音带来的）

作为人类，如果没有特定的目的，那是什么让我们决定选择了其中一条路，而不是另一条？为什么我们中有些人成了杂技演员或国际著名的风流才俊，而另一些人对于他那份稳定、乏味的保险销售员工作乐此不疲？

对大多数人来说，答案很明显。基于一些机缘巧合，我们因为自己的个性而成为现在的样子。而在个性方面，每个人又有着极大的差异：一些人会为了在镜头前待五分钟而出卖自己的祖母；另一些人会避开聚光灯，让他们公开演讲，比死还恐怖。

于是这为我们引出接下来的问题：个性来自何处？是什么让我们如此不同？下面为大家概括了一些相关理论：

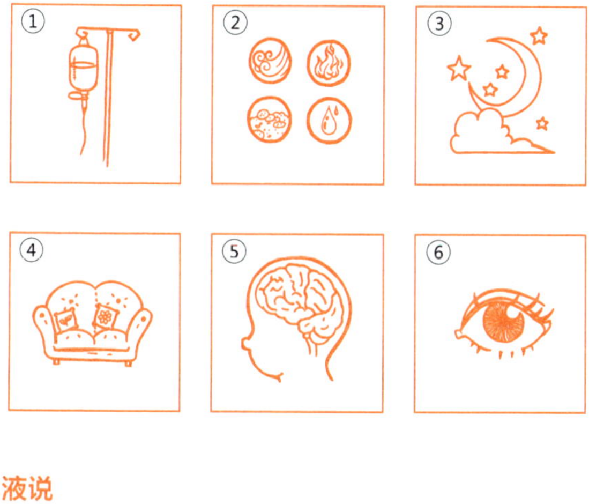

1. 体液说

古埃及人最先提出了四种体液（血液、黄胆汁、黑胆汁和黏液）

与四种个性（乐观、暴躁、忧郁和冷静）相关联的理念。四种体液之间的平衡被认为决定了四种不同的心境。顺便说一句，“性情”这个词来自拉丁语“合适的混合物”（如果你想见识一下不合适混合物的危险，建议你周五晚上随便挑一家廉价酒馆走一趟）。

2. 元素说

古希腊人借鉴了古埃及人四分的“体液鸡尾酒”学说，但加入了一些更具关联性的成分：

——乐观（气）：积极，像个领导者

——暴躁（火）：脾气差，易怒

——忧郁（土）：善于分析，安静

——冷静（水）：放松，平和

虽然看起来可能有点乱，但这种说法显然比迈尔斯 - 布里格斯的性格测试系统（MBTI）好理解多了（也更容易记住）。

3. 星相说

天文学仍然是所有时代解释怪异欲望和荒谬特质最喜欢用的方式。这种学说认为，在你出生的时候，行星与恒星之间的排列方式决定了你的性格，成长过程中，你的性格还会受到天体运动的影响。你可能已经遇到过一些同事，他们迫切需要一次天体调整，你希望他们永远消失在宇宙黑洞里。

4. 父母遗传说

弗洛伊德先生和他治病时病人躺着的沙发非常确定我们的个性在很大程度上是培育出来的，而不是自然而然生成的。这种理论的优势是，我们可以把一切责任都推到父母身上！这太棒了！

5. 大脑构造说

神经科学家认为父母遗传说是愚蠢的，我们的个性来自大脑天然的构造。大脑接线（或错误接线）的方式，以及其中各种各样的化学反应过程决定了你的性格像一个沉着的大木墩，还是热情似火的火烈鸟。对，火烈鸟会喷火。不，我不是说你的性格建立在小时候在野生动物园受到的心理创伤基础上。我可没提这些伤心事，神经科学家说的！算了，不说这个了。

6. 灵魂说

神学家倾向于个性根植于灵魂深处的说法。灵魂在哪？为什么灵魂饥饿或性饥渴时，我们的个性会发生变化？嘘！

迥异的、古怪的理论如此之多，每个理论都有自己狂热的拥护者，究其原因可能在于巴纳姆效应（也就是福勒效应）：人们往往更倾向于相信那些验证了自己世界观的东西。说双子座的人更具创造力会比指责双子座自恋，更容易让属于这个星座的人认可星座说。简言之，说顾客愿意听的话，就会更容易赚到他们的钱。你可爱、善良，有耐心。你就是会给努力工作却收入微薄的哲学图书作家十块钱的好心人！

TL；DR

我们的个性在多大程度上来自先天，又在多大程度上是后天培育的，问题的答案仍不明了。别担心，你的缺点总归是可以怪到其他人头上的（拿不定主意的话，就怪父母）。

第二十六课

福柯的知识考古学

在我们意识到自己的个性是如此多变的情况下，要如何调和关于它们的看法呢？毕竟在吃一块巧克力棒，喝一杯长岛冰茶，或晚上没睡好的情况下，我们都会性情大变。有没有可能个性并不像许多人相信的那样固定，一成不变地向世界呈现，而是由世界所塑造的呢？

这便是法国哲学家米歇尔·福柯的想法。考古学家们深入地下，探寻我们祖先的遗骨和历史文物。而福柯认为，对于思想的历史我们也可以用考古学方法做一次考察。他坚信，如果你生在一百年之前，整个人会完全不同，这不是因为你的个性被丢入了一个需要去被迫适应的新时代，而是因为个性是一种社会建构。它在一定程度上由你生活的时代和环境所塑造。同样，如果人类可以像鸟一样飞翔，社会也将完全不同，因为我们对于“何为人”又有了全新的理解（可能就没有那么多不靠谱的廉价航空公司了）。

福柯用疯癫与精神正常的区别做例子来说明这一点。要是生在500年前，你根本不会有精神病之类的概念。镇上的傻瓜可能不会被视为疯子，人们只会觉得他具有一种非常与众不同的（很难被功利评价的）智慧。大约在启蒙运动时期，心智也会患病并需要治疗的观念才兴起。精神健康是一种社会的建构。这种观念一旦形成，人们就开始建造真正的精神病收容所（里面关着新近被诊断患有“精神疾病”的人），反过来，精神病院里又需要专门从事精神健康工作的人，比如心理学家。

福柯觉得，与其说存在一个固定的你向世界眺望，不如说你天生就是一个“你”形的空白，逐渐被所生活的社会中的看法和价值观填满，并过滤掉你自身经验中的阴霾。正是从这种起伏不平、粗糙的个人经验出发，我们尝试写就一部与自我和我们对个性的理解有关的流畅小说。用福柯的名言来说：“我觉得没有必要确切知道我是什么。生活和工作中首要的趣味，就是成为一个与最初的自己完全不同的人。”

TL；DR

福柯认为，人性并非某种固定不变的常量，而是一个由我们大多数人都未曾意识到的因素所定义的生存状态。因此，中层经理不是衣着更光鲜、看不起猛犸象的穴居人，虽然很多经理的言行在努力证明我说错了。

第二十七课

现代人的考古学

——一个真实的犯罪现场

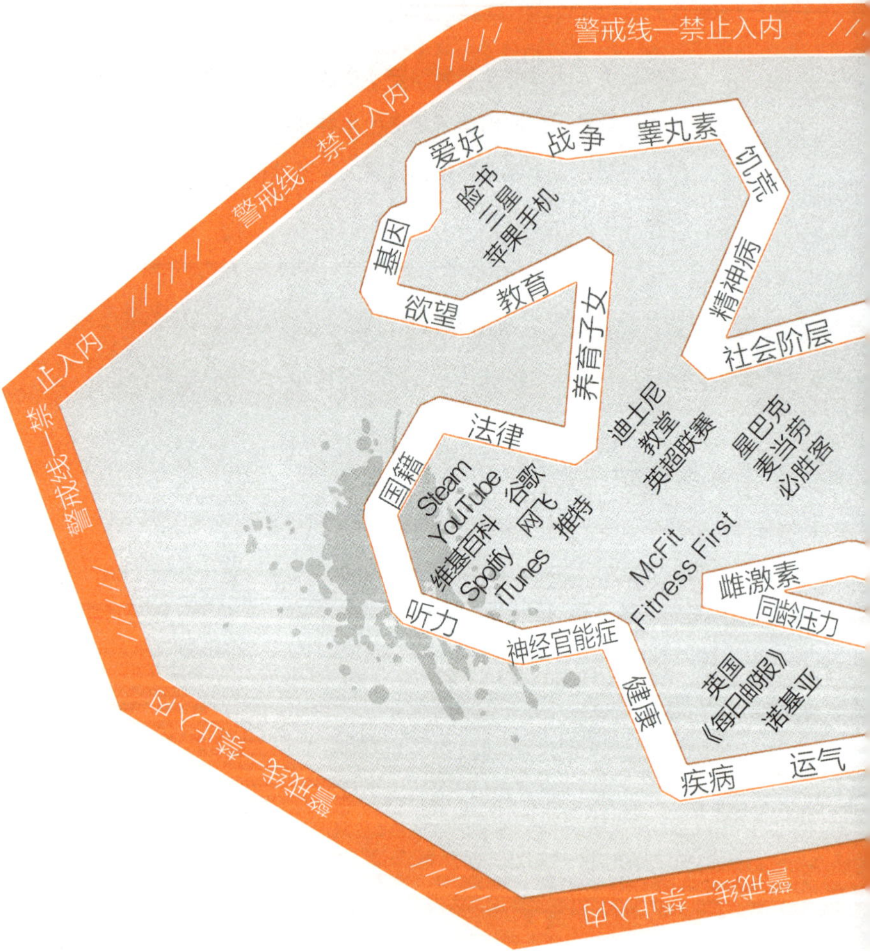

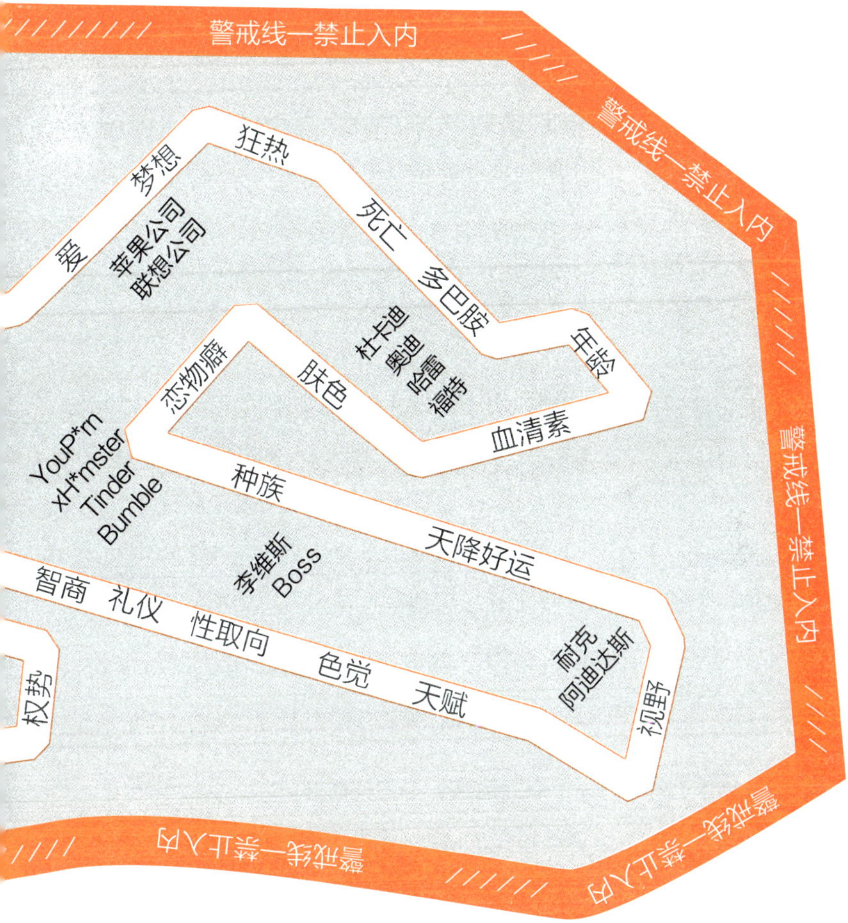
警戒线—禁止入内
警戒线—禁止入内
警戒线—禁止入内
警戒线—禁止入内
警戒线—禁止入内
爱
梦想
狂热
死亡
多巴胺
年龄
血清素
苹果公司
联想公司
杜卡迪
奥迪
哈雷
福特
恋物癖
肤色
YouP*rn
xH*mster
Tinder
Bumble
种族
天降好运
李维斯
Boss
智商
礼仪
性取向
色觉
天赋
耐克
阿迪达斯
视野
权势

第二十八课

此在之墓

如果环境如此具有决定性，而我们的个性又如此密切地与之交织在一起，那我们该如何本真地生活？如何成为真正的自己？

德国哲学家马丁·海德格尔觉得他知道，海德格尔将自己的方法称为“此在”（Dasein，在德语中，Da表示“此处，这里”，sein表示“存在”）。传统上，为了解释某些特殊的事物，哲学家们会从一般情况出发，沿着自己的方法前行。当他们完成自己的目标时会特别兴奋，因为他们的答案涵盖了世间的一切，从宇宙一直到你个性的细枝末节。当试图解释存在问题时，他们的座右铭是“一不做二不休”。

相反，海德格尔从另一个角度出发，围绕个体的经验，并上溯到更基本的问题。这种方法被称为现象学：现象学通过事物如何向我们显现来检视它们。而不是直接问“何为人”或者“成为人意味着什么”。

他认为，人类的一个独特特征就是为自己的存在而烦恼。烤豆子不会问自己为什么存在或者自己是谁。它们只是存在着（美味地存在着）。相应地，他声称只有在这个视角中理解自己，主体性的自己，以及人在存在与时间中的局限，才能过上一种本真的生活。此在的存在方式是：

1. 石头 / 树木 / 巧克力棒很幸福地意识不到存在的概念；它们只是存在于世界中。而另一边，人类不但存在，而且知道自己存在。作为人类，我们能够反省自己的此在。

2. 由于我们知道自己在世界中存在，而且即便我们决定尽可能地去无视它，但仍然意识到有一天自己将会死去这个事实。我们了解自己的必死性。死亡使此在变得独特。其他人体验不到我们的死亡，死亡对每个个体都是独特的。

3. 因而，对海德格尔来说，死亡不是时间性进程的某个终点，而是此在本身的一个本真的部分。当我们认识不到他人和周遭的事物对自己的影响有多大时，才称为非本真的状态。更深入地对存在的必死性进行反思，能够将此在从被动反应状态提升到本真状态。

当然，我们大多数人都会不惜任何代价避免自己面对死亡。这是我们此在设计中的一个缺陷。海德格尔的大部分工作就是挑战这一点。比如，当你问他我们如何更好地引领自己的生活时，他会回答："我们应该花更多的时间在墓地里。"

TL；DR

马丁·海德格尔是一位消极的德国哲学家，他的哲学，即此在，是一种混杂了"你只能活一次"和"面对真实的自己"的学说。他认为墓地应该更流行才好，这其实在某种程度上忽视了很多人正迫不及待地赶着去那儿呢。

第二十九课

社交网络自我的本真性

现在我们继续讨论本真性话题，试想：哲学家会认为我们在社交网络上的人格和友谊是本真性的吗？让我们看一下互联网，特别是社交网络如何改变我们的关系。

前网络时代的友谊：深而不广。这是一件反反复复、相当棘手的事，关系到在现实生活中真实面对他人，还要观察他们怪异、凹凸不平的脸。你不得不去了解你想要称之为“朋友”的人，或许他还曾经向你借了一把钻头。在此类友谊前边无须加上“真实”二字。

互联网友谊：广而不深。互联网友谊由一系列几乎毫无负担的动作组成，点赞、转发、不定期的私信沟通和被动观看彼此的状态更新，它们经由电信公司提供的通信模板相互传递：“莎莉和约翰在一起了”“蒂姆从汉堡王辞职了”“罗伯特点赞了史蒂夫点赞的罗伯特期待周末的到来这条状态”。

或许相比于把现代友谊当作对真实友谊的剽窃和稀释，更好的方式是把它接受为法国哲学家居伊·德波所言的“景观”（spectacle）的最新发展。德波（在网络时代之前）认为，对占有的迷恋将我们引向了社会生活的商品化：“一切曾经鲜活的东西如今都变成了表象。”现代生活基本上是一幅被动消费的景观，大众媒体用无闪烁的高清画面把所有这些景观传递给我们。诸如微博之类的互联网公司将我们之间的互动交流商业化，而且去个性化，它们会基于数量，而非本真性来优化我们的互动交流，或者如德波所言：“人们实现了从存在向占有的堕落，又从占有走向了仅仅向别人显现。”

随着令人震惊、出离愤怒和明星着装事件一次一个流行标签席卷全球，这一景观变得更壮观、更快，也更转瞬即逝。网络友谊也是如此。它们是友谊，只是不像我们定义的那样。它们是嘉士伯啤酒“If Carlsberg made”广告词式的友谊，是耐克“Just Do It”式的友谊，是麦当劳“I'm Lovin' It”式的友谊，它们是以特定的价格卖给我们的友谊。

德波并非媒体恐惧症患者。他知道，社会在某种程度上需要这些景观才能存在。但是，他希望我们意识到，当我们参与到社会中的景观时，每一笔交易所付出的代价。这是一场多么精彩的表演！要不要来互粉一下？

TL；DR

社交网络里的朋友不是真朋友。他们是让少数人赚钱的某种景观的组成部分，而对多数人来说，他们焦虑的是自己发在网络上的照片实在太不上相了。

第三十课

非本真综合征

非本真综合征，是指患者无法按照自己的真实意愿和欲求去生活的疾病。他们的观念和行为过多地受到周遭社会的影响。该疾病可能出现的症状如下：

官方诊断书

症状：

- 去某家餐厅吃饭只因为它看上去很火
- 身上有日本书法文身
- 喜欢披头士乐队
- 家里有香薰蜡烛
- 带着全套行李去度假
- 衣柜里有舒适、性冷淡风的衣服

药方：

每日两次，一次 10 毫克“此在”和 20 毫克“幸福”，便后服用。

风险和副作用参见下列药品说明书。

威廉·冯·叮咚博士

2018 年 3 月 29 日，慕尼黑

药品说明书

此在©

用量：

10 毫克“存在”增强剂
5 倍“人生短暂”放大剂

用法说明：

每天用满满一杯的“自我局限”，配合服用两片“此在”胶囊。

副作用须知：

每天都无法清醒。
想把时间都花在坟墓里。
超想吃焗豆。
脑脑脑脑膜炎——对个人的存在和死亡的独特性深信不疑。

幸福©

用量：

20 毫克纯粹理性，以额外的“美德”做补剂服用。

用法说明：

以全天候的“完全自我控制”让自己保持清醒后，将“美德”涂抹在洁面后的脸部。

副作用须知：

对自我认知的（虚假）谦卑感可能会增强。
对接地气的事物过于迟钝，总是关注抽象理念。
少数用药者可能会引发变本加厉地使用陈旧语汇的症状，比如鄙人。

如症状持续请马上与人生导师联系。

TL；DR

非本真综合征是不真实的人患有的一种（虚假的）疾病，治疗方案有两种，要么服用海德格尔的“此在”，要么服用古希腊人的“幸福”。

第四章

立场与视角

第三十一课

中彩票和其他狗屎运

一对年轻夫妻手挽手去往和朋友约好的餐厅吃晚餐。此时，天空突然乌云密布，下起了瓢泼大雨。这对夫妇发现一条隐蔽的小巷，便躲到那里避雨。“运气太好了！”妻子说，“要是没发现这条小巷，我们可能全身都湿透了。”“是运气太差了吧！”丈夫回应道，“我们现在不但全身都湿了，连去见朋友都迟到了。”

随后，丈夫在地上发现一张彩票，此时避雨的屋顶刚好被闪电击中，从他们头上砸下来。躺在医院的病床上，妻子说：“太幸运了，闪电差点就把我们劈死。”她的丈夫答道：“是太不幸了，我们不但淋了雨，连骨头都被砸断了。”

后来，当他们在医院的电视上来回换频道时，发现正在直播当期彩票的开奖结果。丈夫想起自己捡到的那张彩票，忍着疼痛把手伸进外套，他们居然中了大奖。“太幸运了！”妻子说道，“这下我们有钱了！”可她的丈夫说道：“真倒霉，中大奖永远是一种诅咒。”

裹着石膏回到家后，他们收到一封信，信上说福彩中心的主管携着奖金逃往了加勒比海的特立尼达和多巴哥。妻子耸耸肩说：“好吧，来得容易去得快，至少我们还有彼此，对吗？”“来得容易去得快？”丈夫难以置信地喊道，“屋顶掉下来砸到了我头上！我断了好几根骨头！有人把我的大奖卷走了。而且我还娶了一个对任何事都令人厌恶地感到开心的女人！求你了，你也赶快滚蛋，‘来得容易去得快’吧！”

这对夫妇离婚了。妻子说：“运气不错，终于彻底离开了那个可恶的浑蛋。”丈夫也说：“很不错，终于摆脱了那个无忧无虑的白痴。下一班去特立尼达和多巴哥的航班是什么时候呢？我要去把我的钱追回来。”

当然，这个故事虽然是假的，但你或许发现自己更认同丈夫或妻子一方的世界观。你觉得，谁看得更清楚？在一个潜力无限的鸡尾酒吧里，你是把自己面前的玻璃杯看成半满的、半空的，还是仅仅把它看作一个装液体的容器？你对自己的生活有多少控制力，如果所能掌控的不多，是否会困扰你？

TL；DR

我们选择以不同的方式感知发生在自己身上的事。愤世嫉俗的人可能会说，婚姻之于爱情，就像巨人之于地球：为问题寻找一种更简便的解决方案。幸运的是，如果方案出错了，你永远可以选择复仇、治疗或者逃往特立尼达和多巴哥（出于法律原因，这些事最好有序进行）。

斯多葛学派——无为

虽然不得不对世界采取某种视角，但我们可以选择如何去感知世界。这种实践智慧是一个叫“斯多葛主义”的哲学学派的理论基石。“痛苦并非来自事情本身，而是出于你自己对它的判断。”古罗马皇帝马可·奥勒留如是说。

斯多葛学派坚信，我们不只是纷繁世界的观察者，而且能够从自己期望的角度，创作关于世界的故事。在上一课中，这对夫妇虽然经历了同样的遭遇，但却为自己讲述了完全不同的故事。妻子倾向于将自己生活中发生的事看作欢乐的迪士尼电影，而丈夫则把它们看成古希腊悲剧。每次有人踩你的脚，或者在超市结账时蹿到你身前插队，你都可以把这些事看作偶然、愚蠢，故意而为的粗鲁行为，或者把它们当作“全面开战”的信号。简言之，棍棒和石头或许能打断你的骨头，但对世界的感知，能让你头脑炸裂。

按照著名斯多葛主义者如爱比克泰德和马可·奥勒留的说法，斯多葛主义不是关于尝试停止向自己讲述这些故事，甚至也不是试着用更积极的角度看待它们，而仅仅是承认它们。斯多葛主义说的是将自己从这些故事中慢慢解脱出来，进而在情感上使自己远离命运的捉摸不定和自己表述故事的不可靠性。斯多葛主义要求我们问自己，什么是你能真正掌控的。只有你能够直接改变的东西，才和你的生活有关，而这些事其实少之又少。其他事则完全与你无关。

如今，我们经常在句子中使用“斯多葛”（它的英文表述 stoic，有冷静、克己之意）这个词，比如：“你对意外触电这件事做出了相当斯多葛的反应。”它几乎成了毫无感情和无动于衷的代名词。但这对斯多葛主义是不公平的。它从未意欲成为一个毫无感情的顽固硬汉或逃避生活的方式，而是一种实用的生活方式，它主张不要把时光和悲伤浪费在无法改变的事情上。越少的时间花在解释生活上，你就有越多的时间享受生活。

TL；DR

斯多葛主义是一种思想流派，对于发生在自己身上的事，我们总是把它们编造成故事说给自己听，而斯多葛主义试图把我们从这些故事的影响中剥离出来。如果你无法成为一个斯多葛主义者，那就做善于讲故事的人吧。下边是故事的剧透：你是英雄。从此过上了幸福的生活。

第三十二课

多元视角主义

当你走狗屎运（shit）的时候，我们可以从很多种不同角度去看待。下面做一些简要概述：

印度教：这破事儿早就发生过了。

天主教：如果你走了狗屎运，一定是你罪有应得。

犹太教：为什么这种事总是发生在我们身上？

神创论：一切狗屎运都是上帝创造的。

基督教科学派：走狗屎运的时候，不要请医生，祈祷就好！

一神论：来，让我们彼此辩论一下这坨屎。

乌托邦主义：这坨屎一点都不臭嘛。

达尔文主义：让我们瞧瞧这坨屎会进化成什么。

资本主义：这坨屎是“我”的。

女权主义：男人都是屎。

沙文主义：我们可能是一坨屎，但没有“这”坨屎，你也活不下去。

商业主义：让我们把这坨屎包装一下。

偶像崇拜：让我们给这坨屎镀一层金。

存在主义：狗屎运不会发生；它“存在着”。

斯多葛主义：反正狗屎运这种事原本也不在你的掌控之下。

享乐主义：没有什么比走狗屎运更好的了！

耶和华见证人：可以占用您一点时间，介绍一下我们教会的这坨屎吗？

印度教克利须那派：走狗屎运经常发生，罗摩，罗摩。

不可知论：走狗屎运可能会发生；反之，也有可能不发生。

无神论：我根本不相信狗屎运这种事！

虚无主义：无屎存在。

自我中心主义：我就是这坨屎！

TL；DR

有许多不同的视角可以供你采纳。每一种都会改变你看待生活的方式，甚至有可能让你多活几次。

第三十三课

马可·奥勒留小档案

影响力：★★★★★★☆☆☆☆

国　籍：古罗马

时　期：121 年 4 月 26 日—180 年 3 月 17 日

追随者：马可·奥勒留的名言是每本美其名曰励志书的重要组成部分，在 PPT 演讲中，一直以来白领们也最爱用这个哲学家来做过渡幻灯片。乔治·华盛顿和比尔·克林顿都将《沉思录》列为他们最喜欢的著作

生平

马可·奥勒留，全名马尔克·奥列里乌斯·安东尼·奥古斯都，是有史以来最有影响力的哲学家之一，因为他的日常工作是当罗马皇帝。在权力的巅峰时期，他几乎统治着整个已知世界。尽管他在战争领域相当成功，但马可·奥勒留最令人难忘的是其根植于斯多葛主义哲学中的谦逊和审慎的天性。

最棒的点子

马可·奥勒留被认为是罗马“五贤帝”之一。但没人像他那样受人尊敬和爱戴，也没人像他一样有如此多的雕像。虽然他是斯多葛主义的代表人物，也是古代最著名的哲学家之一，但他的原创思想很少。他主要收集和重述他的老师和精神偶像的思想。这是可以原谅的，因为为了罗马帝国的荣耀，与帕提亚人、日耳曼人和不列颠人展开史诗般的战斗（以及为雕像摆 pose[造型]）就够他忙的了。

最糟的点子

康茂德。马可·奥勒留在 30 年的婚姻生活中养育了 13 个孩子。由于只有其中 5 个比他活得更久，所以他对这些孩子充满依恋是可以理解的。当时，皇帝通常会挑选最有才干的将军或最具智慧的大臣做继任者。马可·奥勒留却打破了前人的传统，将皇位传给了他邪恶、残忍、放荡的儿子康茂德。随便选一个奴隶做继承人都好过他。康茂德到底有多坏呢？嗯，从历史上来说，他个人对罗马帝国的迅速衰落就负有一定责任。

逸事

想象一下，当你从一场军事战役中胜利归来，你会做什么？沐浴在万众瞩目中？沉浸在五彩纸屑里？这不是马可·奥勒留的做法。在经历了一场极为艰苦的战争荣归罗马时，他卖掉了相当一部分的个人财产，来帮助国家减轻饥荒和瘟疫带来的影响。随后，他又削减赋税，创办学校、孤儿院和医院，还推进立法以改善奴隶们的生活。他的慈悲之心颇为强势（或者说，他拥有在古罗马所能收买/奴役到的最棒的公关人士）。

名言

“要想生活幸福，其实所需甚少，这完全取决于你自己，取决于你的思维方式。”但是，不去思考（无知）的人，似乎更容易得到幸福。

“生活的艺术，与其说像是跳舞，不如说是摔跤。”偶尔在舞池里做一个摔跤动作，也很有用处。

“一切所听，皆为意见，并非事实；一切所见，皆为观点，并非真理。”不过，我们所憎恨的一切都值得鄙视。

马可·奥勒留的厕所

① 西班牙海报：他的家族来自伊比利亚半岛的西班牙。

② 武器：虽然花了20年时间，但他最终彻底击败了凶悍的日耳曼蛮族。

③ 微型柱廊：所谓的彩绘游廊（Stoa Poikile，又叫the painted porch），斯多葛学派的名字就从这个词而来。

④ 断链海报：他的偶像是爱比克泰德，爱比克泰德是奴隶出身，后来成为著名的斯多葛主义哲学家。

⑤ 急救箱（里边有角斗士的血）：罗马医生推荐用角斗士的血治疗各种疑难杂症，甚至包括不孕症。角斗士被杀后，小贩们经常向民众兜售尚有余温的鲜血。

⑥ 流行文化中的对应人物：纳尔逊·曼德拉。曼德拉也是一位国宝级人物，深受人民爱戴，他在艰难时期崛起，以智慧和审慎掌权。此外，曼德拉同样推动了一系列伟大的法律法规的制定。

TL；DR

马可·奥勒留既是一位斯多葛主义者，还是罗马最伟大的君主之一。马可·奥勒留传授斯多葛禁欲主义是颇具远见的，因为在选择继承人上，他没有给任何人机会，而是移交给了自己残暴的儿子康茂德，后者几乎用一只手就毁掉了父亲创建的帝国。如果你渴望青史留名，或者只是喜欢鸽子的排泄物，为自己立雕像是不错的主意。

第三十四课

（斯多葛学派）星光大道

下面介绍的是斯多葛主义在流行文化中的若干缩影：

史波克：《星际迷航》中这个耳朵尖尖的实用主义者，或许是最著名的斯多葛式的虚构人物。史波克，这个永远及时出现且永远正确的角色，总是会在危机时刻说出一些着实令人恼火的话，比如，“必要的东西总是愚蠢的”以及“痛苦是理智的标志，而理智是可以被控制的”。有趣的是，他和宇宙飞船“企业”号上其他人建立的关系，总是在考验他的斯多葛主义极限。在某一集中，他不断重复那句“我还没有失去理智”，之后开始号啕大哭，立即失去了他所说的理智。对我们大多数人来说，这不过是一个普通的星期二晚上。

安迪·杜佛兰：还记得在电影《肖申克的救赎》中，摩根·弗里曼饰演的瑞德最初是如何描绘安迪，这个监狱里人人都喜欢的“挖洞鼹鼠”的吗？“我现在明白为什么有人说他是个异类了……他信步走去，就像一个在公园散步的人，了无羁绊。”安迪并未对判处他冤狱的体系感到愤怒，因为这是他无法改变的。相反，他忙着在自己的牢房墙壁里挖洞，不管这堵墙有多厚，不管通道最终会把他带向哪里，也不管这个洞会让他的监室灌进多少冷风。

夏洛克·福尔摩斯： 亚瑟·柯南·道尔笔下的著名侦探是如何纵横维多利亚时代的伦敦，破解如此多的罪案的呢？最根本的原因是，我亲爱的厕所哲学家，他是一个彻底的斯多葛主义者，经常会说出，“情绪特质与清晰的推理是对立的”“犯罪很常见，但逻辑却很罕见”之类的话。而且，可以肯定，他一定也会赞同“诚信的律师少之又少”。

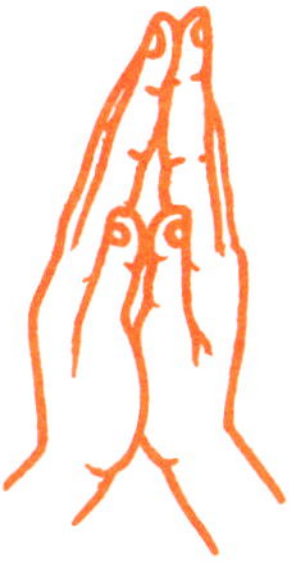

静心祷文： 嗜酒者互戒协会（以及其他运用类似十二部疗法的组织）每次在聚会时都会以一种斯多葛式的祷告开场。想必你听过祷文的内容，但不知道名字：“上帝啊，请准予我平静接受那些我无法改变的事情；请鼓励我改变那些我可以改变的事情；请给我智慧去分辨它们。”

TL；DR

在流行文化中，有许多著名的斯多葛主义者，比如史波克、安迪·杜佛兰和夏洛克·福尔摩斯等。斯多葛信徒通常不会举办派对——他们在派对上更像那种极为理性、安静的异类，躲在角落分析在场的每个人。他们发现自己很难放弃对事物的控制欲，因为他们从一开始就知道，自己能掌控的太少太少了。

第三十五课

派对搭讪手册
（或搭讪不成，全身而退手册）

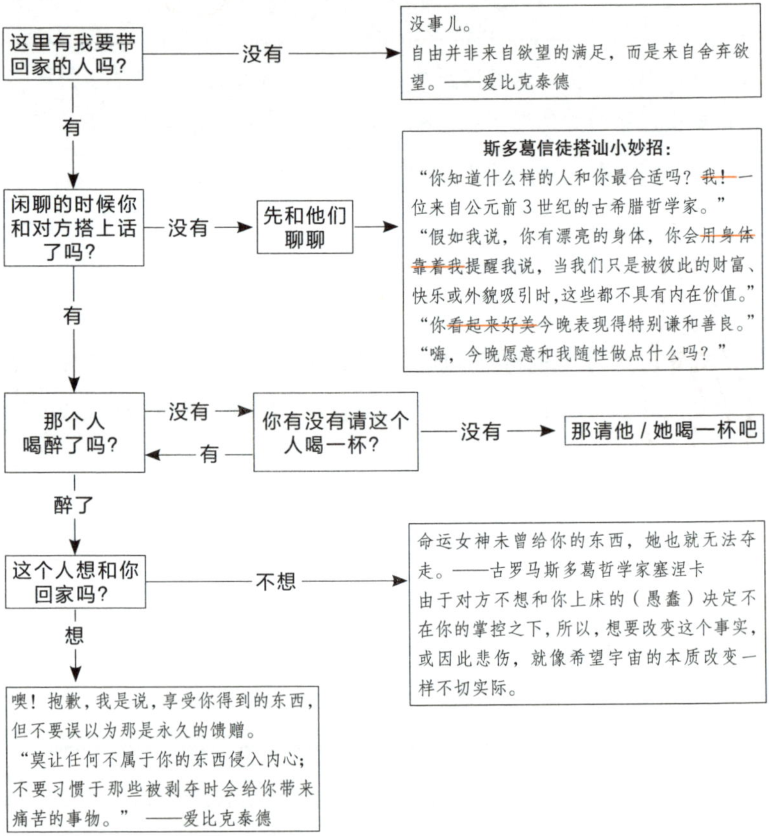

TL；DR

任何一种哲学都既能帮你在派对上与他人搭讪，也能帮你不断分析搭讪失败的原因。历史证明，哲学更善于做后一件事。

第三十六课

堕落的快感，以及为何失败者才谈道德

有些人会觉得斯多葛主义在使诈，因为它鼓励你逃避世界。对这些人来说，只有给他们更多的空间去对生存问题尖叫、挥舞拳头，他们才会同意退出世界。社会说他们是狂人，你经常可以在极限运动广告中找到他们。

但还有一种可能，如果他们察觉了什么呢？比如为什么不尽情享受一切快乐，特别是身体上的快乐呢？满足自身的欲望，难道不正是由我们的必死性所推导出的逻辑结论吗？不满足不正是变革的最大动力吗？所谓道德，不仅仅是快乐的外衣吗？

如果你这样认为，那你可能是个自由主义者。对这类人来说，“道德”只不过是别人误导性地试图限制他们乐趣的方式。不过，自由主义者不应该一直抱怨其他人很扫兴，而应该感谢文明社会把他们带回到了正确的“德行”轨道上。而这条路，他们或许正准备洒满法国香槟王酒和粉色独角兽的闪光亮片呢。

正如著名的享乐主义者萨德侯爵所证明的那样，在历史上，自由主义者并未被友好对待。萨德侯爵是一个贵族和性瘾者，他不相信国家、私有财产，也不允许任何人侵犯他的自由。讽刺的是，他一生的 72 年中，有三十多年都在国家的私人财产（监狱和收容所）中靠写暴力色情文学度过。我们今天用的“施虐狂”（sadism）这个词，就是从他的名字来的。

或许唯一能够真正考验道德和美德的是：如果你可以逃脱任何这方面的谴责，你会如何生活？意大利哲学家马基雅维利的《君主论》

一书正是针对这一问题而写的。他的结论是，小农才有时间担忧道德，统治者都忙着关心遗产、他们的国家和维护自己的权力。对他们来说，结果证明了手段的合理性。这个观点被证明是如此具有说服力，因为像萨德一样，马基雅维利的遗产也是他的名字：所有无情的特立独行者的代名词。

或许马基雅维利和萨德侯爵堕入了历史的反面，仅仅是因为他们不具有抛弃自己哲学的力量。这对美国前副总统迪克·切尼来说却不是问题，当他去狩猎鹌鹑时，不小心射中了朋友的脸。幸运的是，他的朋友活了下来，一周后他出院时说："我和我的家人对副总统切尼和他的家人在过去一周不得不去经历的一切感到抱歉。"如果你足够强大，人们甚至会为你开枪打了他们的脸而向你道歉！

TL；DR

道德究竟是一种价值，抑或仅仅是你逃避现实的诸种手段之一？如果你计划朝别人的脸开枪，为了以防万一，最好先获得足够的钱/权力，来为"富有白人的正义"买单。

第三十七课

女性主义视角

或许你已经注意到了，哲学（相应地，也在本书中）对于另一种视角，即女性，着墨甚少。在过去几千年中，专业的哲学思考在某种程度上是睾丸素的集会。参加集会的男性，要么试图忽视女性的贡献，要么将这些女性斥为“女权主义者”，希望除了其他女权主义者之外，所有人都无视她们。这种早就应该结束的状况正在改善，虽然极其缓慢。

以下是女性哲学家小分队里九位成员的概况：

亚历山大的希帕提娅（370—415）：希帕提娅是柏拉图学派受人爱戴的领袖。她的著述主要是关于宗教的危险性，而且她认为人类缺乏理解复杂观念，比如上帝的能力。她最后被基督教团体的极端分子用牡蛎壳割断喉咙。她说：“保留你思考的权利，因为即便是错误的思考也要好过完全不思考。”

玛莉·渥斯顿克雷福特（1759—1797）：英国哲学家，也是最早的女性主义者之一，她写过《男权辩护》一书。“女人从小就被教导说，美貌是她们的权杖，要想身为女人该想之事，整日在镀金的笼子里游荡，想着怎么装饰监狱。”在年仅38岁时，渥斯顿克雷福特死于分娩并发症，这个婴儿正是玛丽·雪莱，小说《弗兰肯斯坦》（又名《科学怪人》）的作者。

安·兰德（1905—1982）：兰德作为一名俄裔美国小说家，是美国保守派和自由主义运动中的分裂式人物和海报女郎。她将自己的哲学定义为客观主义，这其中包含了相当残酷的理性利己主义观点。她相信，既然个体和个人的权利都是神圣不可侵犯的，那么，人们就应该自私地去实现他们的理想。“个体是地球上最小的单位。那些否认个人权利的人不能声称自己是少数群体的捍卫者。”她在很大程度上把政府视为一个最好应当去避免的大麻烦。“问题不是谁在允许我；而是谁在阻止。”

汉娜·阿伦特（1906—1975）：由于阿伦特是在德国出生的犹太哲学家，所以她后来不得不逃离纳粹政权。她在著述中处理了政治权力、主权和极权主义等问题。她创造了“平庸的恶”这个术语，把恶形容为并非激进，而是一种草率行事带来的结果：“可悲的真相是，大多数恶行是由那些根本没有考虑过善恶的人施行的”“……罪行的重大就是什么都不做的最好借口。”

西蒙娜·德·波伏娃（1908—1986）：波伏娃是法国作家和哲学家，被视为20世纪女权主义运动的发起者。她最有影响力的著作是《第二性》。波伏娃在书中说，在历史上，女性一直由于被认为与男性的规范不同而受牵制。“社会，这个由男性编纂的法典，将女性判为劣等；只有摧毁男性的特权，才能消除这种劣等性。”

伊丽莎白·安斯康姆（1919—2001）：格特鲁德·伊丽莎白·玛格丽特·安斯康姆最重要的作品是她在1957年出版的《意向》一书，她在书中分析了人类的行为与各种各样的意愿之间的关系。“那些对性的问题避而不谈，只把它视为日常消遣的人会受到惩罚：他们将变得肤浅。在任何情况下，谈论或反映出这种想法的态度都是肤浅的。他们在侮辱自己的身体；轻视了与人类生命本源之间自然关联的东西。”

菲利帕·福特（1920—2010）：英国哲学家，因其伦理学方面的建树而成名（就是她提出了令人挠头的电车难题），福特相信，情绪建立在信念基础上，因而，如果我们能改变自己的信念，就能改变情绪。不仅对于哲学，她对哲学家的荒唐事也很有先见之明。“你问哲学家一个问题，在他 / 她谈了一会儿之后，你连自己提的问题是什么都不明白了。”

朱迪斯·巴特勒（1956— ）：巴特勒是研究领域集中在性别与性问题上的当代美国哲学家，她认为，性别是一种操演（性别不是固定的，而是我们所采纳的一个表演角色）。“我们按照成为一个男人或成为一个女人那样去行为，就好像这实际上是一种内在现实，一种对我们来说是绝对真理和事实似的，但真实情况是，一直以来这都是被创造，而且还在被反复创造出的一种现象，也就是说，当我们说性别是一种操演时，就是要表明没有人一开始就真的属于某个性别。”

安娜·杜弗勒芒特尔（1964—2017）：杜弗勒芒特尔是法国哲学家、精神分析学家，也是一位冒险家。“如果真的存在某种为了生存必须去面对的危险……那么人的行动就会具有一种强烈的刺激，一种献身和战胜自我的精神。”她反对人们不赞成冒险，从而让生存留有空白的自保文化。所以，她应该很讨厌机场。杜弗勒芒特尔在试图从波涛汹涌的大海中救一个朋友的孩子时不幸去世。“活着就是一种冒险。生活是一个蜕变的过程，它从冒险开始。”

TL；DR

女性可能会对哲学产生巨大影响，但在过去两千五百多年的大部分时间中，男人要么不让她们参与哲学，要么将她们拒斥为“女权主义者”。

第五章

享乐主义与选择

第三十八课

人生大卖场

想象一下，灵魂在你死后来到一家巨型超市。把头转向旁边，你看到有个灵魂正忙着把一件标着“足球技能”的商品塞进购物车。

“不好意思，请问这是什么地方？”你问道。

“人生大卖场。”那个灵魂回答，“在这里挑选你下一次人生所需的物品。你只能买一购物车的东西，在结账之后不能改变。重生之后，你也不会记得这个地方。”

你还有许多问题想问，但那个灵魂已经消失在教育产品区。你随手抓了一辆购物车开始探索。越奢侈的东西，体积似乎就越大。购物车很小，所以你挑选得很谨慎。“长寿”是你最先塞进车里的东西，你还拿了“超过平均身高”，因为你热爱足球。之后，你又拿了两室公寓。你在人生伴侣区徘徊了许久，因为“伴侣 3000 版”和“伴侣 3200 学术版”让你难以抉择。

在你选完健康、舒适的房子、合适的伴侣、学位这些基本的需求之前，购物车就已经装不下了。车里已经再也塞不下了，于是你终于带着对新生活的憧憬走向收银台。下次人生一定特别精彩……

一不留神，你撞到了另一个推着满满购物车的灵魂，“人生伴侣 4000 • 美貌奢华版”从车里掉了出来。这个版本与“人生伴侣 3000 版”类似，但加了 20% 的美貌，而且还有一对行将就木的慷慨父母，这让你非常嫉妒。“抱歉，您的人生伴侣 4000 版在哪找到的？”你问道。

“卖场二层。从这后边走有一个电梯。我在那找到了许多产品的升级版，比如博士头衔、异域风情的度假、电热毛巾架等等。”

你竟然不知道有第二层！低头看看自己的购物车，没错，这会是精彩的一生，但第二层的产品呢？那一层还有什么？一定有更精彩的东西。

终于上了二楼，这一层果然塞满各种令人惊奇的升级版产品。你把自己微不足道的“硕士学位”换成了“博士”，把伴侣升级为“人生伴侣 4000·美貌奢华版”。为了让车内腾出空间，你不得不舍弃几罐“谦逊香皂”和“加强版养老金计划”，还得把工作时间从每周 35 小时提高到 60 小时。不过你坚信，这样做是值得的。

随后，当你正向收银台走去时，广播里通知说，第三层开放了。浑蛋！上边一定有比二层还好的东西。说不定会有“享誉全球 TM”或者传说中的“人生伴侣 5000·百万富翁痴情限量版”。你又低头看了看自己的购物车，里边的东西已经不再让你感到满意了。

你兴奋地跳上电梯来到第三层。走出电梯，一片漆黑，回头一看电梯也消失了。“欢迎来到第三层，”一个声音说道，“你是第 75987072335 位访客。这层唯一的存在目的就是证明，人类永远不会知足。你将会投胎转世成为一只蟑螂。人生大卖场感谢您的惠顾。”

TL；DR

人类永远不会满足于自己现在拥有的。人生大卖场只有两层。明智的人脚踏实地。按错电梯的人只会一失足成千古恨。

满足感的短暂保质期

上文的寓言说明了在每天的生活中你或许都会经历的事情：满足感是短暂的。像企鹅的脖子一样短。无论你多高兴，都会忍不住想更进一步。可是，一旦你得到满足，又会对下一个层级充满期待。当然，在你每天繁忙的日常生活中，很容易忘记这一点，你会想着多加一点班，然后赚钱把现在住的这个狭小、阴暗的公寓换成带阳台和独立停车场的大公寓，生活会幸福很多。然而，一旦你得到这间公寓，很快会习惯它，从而为自己确立一个新的更高的常态，开始幻想对面带按摩浴缸的公寓。哲学家早在4世纪就已经认清了这个事实，奥古斯丁说："欲望永无止境、永不停歇、无穷无尽，如人所言，它是永恒的痛苦……"但是，有所渴望难道不是人生经历中必不可少的部分吗？不是我们每天起床的动力吗？

英国哲学家罗素说："渴望却不曾拥有的东西，是幸福必不可少的部分。"或许困惑之处在于，我们并不理解自己到底想要什么。我们不是想要新鲜事物，而是刺激本身；尤其是我们已经拥有的东西和我们认为自己需要/想要的那些能够使我们幸福的东西之间的转换。简而言之，让我们着迷的是进步，而不是占有。用一句老生常谈来说，重要的是过程，而不是结果。幸福没有绝对的标准，而是相对于我们的调整和适应过程而言的。或者用美国诗人罗伯特·弗罗斯特的名言说："幸福的高度弥补了长度上的不足。"（这和婚姻正相反）不过，曾经有一个著名的研究，研究者访问了两类有着根本差异的人群对幸福的看法，一类是彩票获奖者，另一类是灾难性事故的受害者。通过分析访谈结果，研究者发现，在事故短短六个月之后，受害者所表现出的幸福感就与彩票中奖者等同了。幸福的保质期很短，不久我们就会回到默认水平。

总体而言，幸福的相对性是一件好事。否则，柬埔寨的街头流浪儿、非洲血汗工厂里的工人，或者比利时疗养院里的百岁老人就没有机会获得幸福了。满足感的短暂保质期是一位伟大的平权者，它将我们所有人捆绑在一起，跌跌撞撞、踉踉跄跄地走向幸福之路。

TL；DR

我们用具体的事物来限定自己想要的东西，比如"更大的房子""更好的工作"或者"隔壁老王的太太"，但我们真正想要的，其实是进步的感觉；是转变，而非占有。

第三十九课

伊壁鸠鲁小档案

影响力： ★★★★☆☆☆☆☆☆

国　籍： 古希腊

时　期： 公元前 341—公元前 270

追随者： 由于伊壁鸠鲁有自己的学园，即“花园学派”，所以他有实实在在的追随者。据说他影响了以“活在当下”闻名的罗马诗人贺拉斯、斯多葛学派，以及美国《独立宣言》起草者之一、前总统托马斯·杰斐逊（所以“追求幸福”这句经典的伊壁鸠鲁格言才会出现在《独立宣言》中）

生平

伊壁鸠鲁是一位经常被扣上享乐主义者帽子的古希腊哲学家，因为他相信生命中最重要的追求就是快乐。但是，他的享乐主义观念被称为“心神安宁”，所以最好将他的理念诠释为：在简单的事物中寻找内心的平和与满足。

最棒的点子

无须畏惧神明。伊壁鸠鲁生活在充满迷信和好奇的时代，为什么好人没有好报？这个疑问在哲学中如此著名，以至于有了自己的称呼：神正论。他的结论是，由于恶显而易见存在于世间，所以要：1. 神曾试着清除世间的恶，但失败了；2. 神能够清除世间的恶，但他不想这样做。

无论是哪一种情况，结果都显示出神的无能或超脱。所以，这件事根本不值得担心。所有相关人士都可以如释重负了，除了上帝自己，谁还会在乎他怎么样呢？

最糟的点子

普通人无可救药。伊壁鸠鲁创建的学校“花园”是一个感官上郁郁葱葱的社区。然而，他觉得没有必要尝试教育花园之外的普通人。他认为，群众总是会无可救药地受到蒙骗，权贵也不可避免地腐败。所以，与其和这样一个体系互动，不如和自己的小伙伴一起出世。如果今天伊壁鸠鲁还活着，他可能会告诉你投票选举没有意义。不过，要是不投票可能会让你更难感受到自以为道德的愤怒情绪，因为政府会征用你的花园，把它变成豪华公寓。

逸事

虽然伊壁鸠鲁是哲学中享乐主义的典型代表，但这不过是对其信仰粗暴的讽刺。实际上，伊壁鸠鲁专注于珍视微小的快乐，而且极力避免极端。有人为了诽谤他，指控他享用过传说中奢侈无度的盛宴，一天两次因为暴饮暴食而呕吐，还和四位女子一起参加了“臭名昭著的午夜哲学派对”：海蒂娅（小甜心），依若迪安（小宝贝儿），妮姬迪昂（小女神）和玛玛迪安（波霸）。如果你发现自己被邀请参加任何主题为“远近闻名的午夜哲学派对”，记得永远带好保护措施（理性、修辞谬误和安全套）。

名言

“快乐是我们首要和最息息相关的善。它是每一个选择和每一种厌弃的起点，我们总是会回到这个起点……”我们童年时期遭受到的惩罚（比如打瞌睡和打屁股）会变成取乐的方式，这是不是很好笑？

“死亡对活着的人没有意义，因为他们还活着；对死者更没有意义……因为他们已经死了。”不过，如果丧尸来袭，情况会有很大不同。

“在智慧提供的所有那些让我们完全快乐的东西中，最伟大的就是拥有友谊。”虽然一大袋五彩弹子球离它也相当接近。

伊壁鸠鲁的厕所

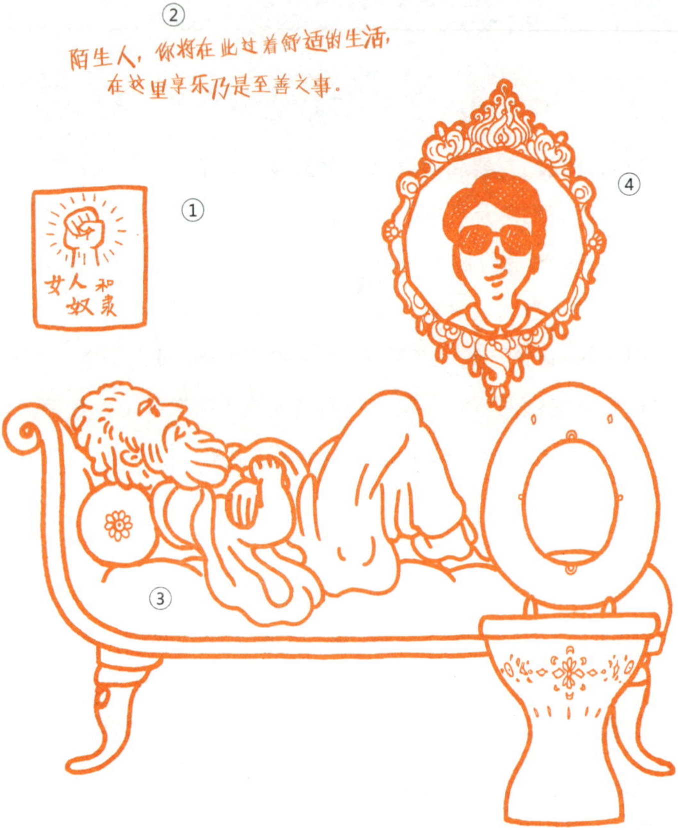

① 女权海报：伊壁鸠鲁主张众生平等，允许女性和奴隶出入被禁止的场所。

② 涂鸦：学园大门上会有涂鸦。

③ 躺椅：和弗洛伊德一样，伊壁鸠鲁也痴迷于自我反省和分析，他是我们如今称为谈话治疗的先驱。

④ 流行文化中的对应人物：吉姆·琼斯。琼斯（美国“人民圣殿教”领袖）是一个享乐主义者，他集结了一群志趣相投的人（琼斯所在的小镇是一个各种族混杂的地方，1955 年，它还是美国印第安纳州一个无人知晓的小地方）。他还相信，文明在某种程度上注定是一个败局。所以他以最极端、病态——在圭亚那丛林胁迫九百多名信徒与他集体服毒自杀——的方式实现了自己的信念。

TL；DR

伊壁鸠鲁是快乐主义的代表人物，他自己创办了一个名叫“花园学派”的迷你学校 / 狂热社团。他经常被刻画为哲学中最伟大的享乐主义者，但他真正信奉的是内心安宁，即在简单的事物中找到内心的平和与满足。这种说法会让你感到奇怪的是，为什么简单的事物，比如“白痴”会被当成一种侮辱呢?

第四十课

哲学家的幸福套装
——超越想象的极乐世界

① 乳房和巧克力棒：“欢快度日使时间显得短暂。”

——威廉·莎士比亚

② 止痛药：“一切幸福都是幻觉。生活就像一个钟摆，在痛苦和无聊之间来回摇摆。” ——亚瑟·叔本华

③ 锁链、手铐和皮鞭：“人类总是通过痛苦获得快乐。”

——萨德侯爵

④ 悲伤表情包：“历史上从未有过关于哪怕一个快乐哲学家的记载。” ——美国作家亨利·路易斯·门肯

⑤ 镜子：“幸福取决于我们自己。” ——亚里士多德

⑥ 灯泡：“幸福是权力增加时的感觉——即克服障碍的感觉。”

——尼采

⑦ 领带和“全家上路”贴纸：“大多数人真正的幸福取决于两件事：他们的工作和与他人的关系。” ——伯特兰·罗素

⑧ 咖啡杯和纸杯蛋糕：“永远不要低估缺少咖啡因的重要性，手里不缺纸杯子蛋糕，你就永远不会不开心。” ——常识

⑨ 啤酒：“为酒精干杯！敬它是生活中一切问题的罪魁祸首和最终解决办法！” ——《辛普森一家》中的霍默·辛普森

第四十一课

抉择的暴政

想象一下，现在有两家超市：一个在冷战铁幕倒塌前的某个东欧国家里，另一个是沃尔玛。如果现在你想要粮食，会去哪一家？显然是那个有更多选择的，对吗？

幸福是由我们做出的选择决定的。那么，公平地说，是不是选项越多，我们就会越快乐？你可能很想大喊出来："是的，这还用问吗？"

但是，对许多哲学家来说，选择并非一件黑白分明、人畜无害的事情。很多选择都包含着隐藏的成分。想想法国哲学家让-保罗·萨特的说法，他认为，所有人生来都是自由的，这是我们的存在不可逆转的事实。话说到这儿听起来还不错。自由！但是，在萨特看来，个体的自由不是令人敬畏的礼物，而是存在的诅咒。我们在根本上是自由的，这意味着，我们是唯一要对自己行为负责的人。在这个意义上，完全的自由就意味着全部的责任。问题就在这里，由于我们永远不可能知道自己被迫做出的选择的一切后果。这就好像，不得不打包行李，却不知道飞机会把你送往何处。不管你多么喜欢自己最爱的那件夏威夷衬衫，当你在南极企鹅群中瑟瑟发抖的时候，它对你一点用都没有。

许多研究表明，一旦我们有了若干个选择，就会增加决策能力降低的概率，也会对所做的决定越来越不满意。然而，除非你是一个政客，否则很少有机会不做决定。因而，我们必须简单接受自己选择的后果，不管是缺乏远见，还是推理不足才导致我们最初做了这个决定。

通过做决定，我们在无意中扼杀了无限（通常更好）的选择。一旦你开始在头脑中假设利弊而进行思想斗争，就肯定会输，因为在（想象中的）另一个彼岸，草总是更绿。于是，独留你一个人站在此岸的荒草丛中，既做被告、检察官、法官和陪审团，又是所有决定的执行者，却没有办法预测判决的结果。

因此，我们发现自己弯腰驼背，在选择的重压和负担下，努力与所选的东西和平相处，同时哀悼着没有选择的一切：所有我们没有生活过的另一种生活；没有吃过的果仁巧克力蛋糕；所有我们没有游览过，但却被朋友晒在朋友圈的假日景点。于是，留给我们最后，或许也是最艰难的抉择：我们要让自己在多大程度上忍受那些未曾选择的东西所带来的困扰呢？

TL；DR

有选择当然好过没有选择。不过，太多选择就好比加了太多糖——它会让你行为怪异，最终走向不幸（或糖尿病）。

第四十二课

自由意志和其他虚构的故事

关于选择的争论将我们巧妙地引向了人类存在中最珍贵的概念之一：否认自由意志。因为，如果你无法自由选择，那么有没有选择又有什么意义呢？有多少选择是真正属于你自己的？或许你认为很多。好吧，让我们来试试另一个快速思想实验。想象一下，你在出差，午餐时有两个选择：健康沙拉，或者来一盘美味油腻的薯条。

你选哪个？

一旦你闻到薯条的味道，比赛可能就结束了，不是吗？好吧，除非你相信自由意志。然后，你必须相信自己是这个决定的唯一仲裁者，虽然你正在吃一盘美味的薯条，但也可以很容易吃下一堆味如嚼蜡的绿色兔子餐。

让我们再详细说明一下你的决定。我们不是要说吃薯条会导致高血压或胆固醇，而是指最终是什么让你做出了这个选择。有没有可能是不在你控制范围内的因素，影响了你最终选择吃薯条？比如，你的基因？你的营养教育？你对家常油炸食品的美好回忆？还是应该把责任推给时间？你很着急。抑或是这些因素加在一起，让你最终选择了薯条。但是，这是自由意志吗？你看，其实很复杂。哲学为你理解这个问题提供了两种框架：

1. 因果性和决定论——“我这样做，是因为我永远只能如此。”

每个行为都与“引起”它的环境有关。自由意志消解在一个与原因和结果有关的链条当中。你自认为是“做决定”的东西，实际只是将已经做出的决定传达给你所需的时间。一切决定都已经被因果性预先决定好。再见，自由意志。

2. 非决定论——“我这样做，是因为我选择如此。”

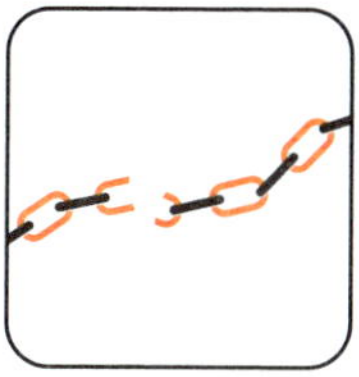

你具有自由意志。这是好消息；你的决定并非预先决定的。但由此产生了另一个问题：如果决定不是以因果的方式与你，以及所有定义了你的东西（也就是你的记忆、基因、教育和成长经历等）相关联，那么，这些又怎么能说是你的决定呢？自由会立即变得不真实、毫无感情和充满随机性，就像被一个失明的鬼魂突然扇了一记耳光。

绝大多数哲学家所持有的观点是，自由意志是一个对我们有帮助的幻觉，就像修图软件对卖化妆品有帮助，但它却未必是对现实的精确描绘。哲学家认为世界大体上是被决定的，但却因为太复杂而难以预测，由此便产生一种我们感觉自己有自由意志的微妙间隙，或者如英国小说家和诺贝尔文学奖得主约翰·高尔斯华绥所言：“生活定调，我们跳舞。”最后，对这种状况最好的总结或许是叔本华的名言：“人当然可以按照自己的意愿行事，但却无法决定自己的意愿。”

TL；DR

因果性和自由意志是两个无法和谐共处的概念。不幸的是，它们都没法让沙拉的味道变得更好。

第四十三课

别后悔

我们知道必须做出决定，却不知道它们的后果，由此便产生另一个有趣的问题：我们为什么会后悔？你最近一次醒来时对自己说，“今天就是我要故意做一个错误决定的日子”是什么时候？

如果每一个决定都是由做决定时的情境所推导出的逻辑结论，那后悔是怎样产生的？当时的所有变量都已经过期了。你无法回到过去，即使你可以，也不会知道改变这个被认为值得后悔的决定之后，又会有什么结果。说不定会产生更多的后悔，或者第三次世界大战呢。这就是经典的时间旅行者的悖论。今天，你可能后悔没有暴打 16 岁时霸凌你的人，但是，你不知道这样做会让他离你远点，还是被他从桥上扔下去。或许正是这份在霸凌之下的痛苦经历，才让你成为今天这个善良、富有同情心的人。

如果你对今日的自己不感到后悔，又怎么能够对造就了今日自己的一切而感到遗憾呢？尤其是当你完全不知道是什么造就了今日自己的情况下。就像自由意志一样，你越是想努力牢牢掌控后悔，就越是难以逃脱。

更有可能的情况是，当我们认为自己正为了某个具体的决定后悔时，其实是在为下面一系列复杂的混合物而感到后悔：

- 没有获悉让我们做出不同决定的关键信息。
- 我们从这个糟糕的决定中学到了伟大的品格，但事实上如果没有它，是不可能学到的。
- 永远不知道如果我们做出不同的选择，事情会如何发展。

也许丹麦哲学家索伦·克尔凯郭尔说得对："结婚，你会后悔；不结婚，你也会后悔……嘲笑这个世界的愚蠢，你会后悔；为它哭泣，你也会后悔……上吊自杀，你会后悔；不上吊自杀，你也会后悔……先生们，这就是所有哲学的精髓所在。"后悔，虽然对于已经发生的具体决定毫无用处，但是，当它促使我们重新思考那些最初驱使我们做出关键决定的原则、理论和思维过程时，它就变得有用了。

TL；DR

后悔大多是毫无意义和不合逻辑的，但却是哲学探究的有用工具，也是大量诗歌、音乐和俗套致歉信的基础。

第四十四课

别信赎罪券

无论是否对自己的罪责感到悔恨，我们能弥补吗？在中世纪，你当然可以。天主教会首创了一种被称为赎罪券的东西。罪人不仅可以忏悔，还可以完全摆脱掉自己的罪恶，只需要花一点钱就能避免被炼狱的烈火焚烧。从本质上来说，这笔交易是任何一位真正商人的美梦；教会出售的是一种人人都需要的产品（众所周知，所谓的“罪”定义广泛），几乎没有生产成本，利润极高，没有竞争，在顾客去世之前也无法检验真假，此时他／她要求退款也为时晚矣。

赎罪券曾一度发行顺利。对教会来说，可悲的是，在宗教改革家马丁•路德的帮助下，公共舆论最终决定，如果它看起来像一只鸭子，叫起来像一只鸭子，那可能就是一个精心设计，用赎罪券赚钱的骗局[1]。赎罪券最后被废除了。不过，真的吗？

你可能已经注意到，在我们这个每天快乐消费的世界中，许多产品为了确保我们用得心安理得都做了伦理道德上的升级，以此来弥补这个不公平的世界中消费主义带来的农民贫困、童工、对自然资源的过度使用，等等。比如，以前买杯咖啡不过是个简单的交易：咖啡、钱、酸性胃痛。现如今，当你买咖啡时会被各种选项轰炸，这些选项承诺会抵消你由于消费而带来的负罪感：“公平交易”、可回收的杯子、小费罐、慈善箱等等。赎罪券现代化了。制造罪恶感，再兜售拯救。只有在今天，你的救赎才会发生在此生，而不是来世。斯洛文尼亚哲

[1] 西方谚语：“如果它看起来像鸭子，走起来像鸭子，叫起来像鸭子，它就是鸭子。” 事物的外在特征就是事物本质的表现。

学家斯拉沃热·齐泽克称之为“有人情味的资本主义”。

一个合理的假设是，大型咖啡公司和其他跨国企业一样，除非能帮公司赚更多的钱，否则他们不会花股东的钱。贴着“公平交易”标签的咖啡豆可能会让你多花一美元，但也许只有一小部分最终会落入贫穷的秘鲁农民的腰包里。最大的受益者可能仍然是大咖啡公司。在“帮助”人们更心安理得地购买其产品的过程中，这些企业以更高的价格，创造了更多的销量。

或许正如奥斯卡·王尔德所言，最糟糕的就是心地善良的奴隶主，因为在他们的帮助下，本应被推翻的腐败体系得到了延续。最初为了公平交易产品的需要而创造的腐败系统，我们自己又为延续它出了多少力呢？我们是不是该停止买咖啡，让秘鲁农民不再因此生活于贫困当中，以及不再阻碍他们去为社会发挥更大的用处，比如成为一个足球经纪人？

最终，升级版赎罪券或许既不是极端利己的盈利方案，也不是善良的利他主义行为。它介于二者之间。赎罪券提供的不仅是购买某种东西，而且是相信某种东西的机会。赎罪券的道德性是灵活的，实际上仅仅是一种模棱两可而已。最后，最重要的是要意识到，你相信的是某种价值体系。

TL; DR

赎罪永无可能。道德就像人的必死性。它是抽象的、复杂的，也是重要的，但是，想太多会毁掉一切。在瓶装水、电子货币和免费拥抱之后，赎罪券最终沦为一种商业模式。

第四十五课

现代赎罪券

优惠券 每张 $ 1

使用该券能够救赎下列罪行：

优惠券
296577
和朋友拍照为了显脸小而躲身后。
优惠券
296578
插队被发现还不承认。
优惠券
296579
做伸手党。
优惠券
296580
给别人剧透刚上映的电影。
优惠券
296581
“撒狗粮”秀恩爱。
优惠券
296582
炫富。

第六章

社会与公平

第四十六课

所有人都对我有偏见，包括我自己

试想某个政治家提出了一个很棒的新全国性假日——这一天是如此灿烂，如此放松，如此鼓舞人心，以至于它将成为这个国家最受欢迎的一天。一年到头，人们都在盼望着这个节日，并在日历上倒数着。在这天，男女老少其乐融融，围坐在一起分享故事、增进感情，感受爱，礼赞着生活中的一切。成年人醉酒狂欢，在这一天怀上的孩子比任何一天都多。听起来还不错吧？为了更加公平，政府决定举行一次全民公投，来决定是否引入这个节日。

对于这个新的全国性假日，你会投赞成票还是反对票呢？

○支持　　○反对

如果我现在告诉你，引入了这个节日，数十亿人会每年经历这人生中最快乐的一天，一个社区和谐，家庭团聚的节日，但作为补偿，在这个特殊的日子，每年必须有 4500 万条生命丧生。

现在你会怎么选呢？

○支持　　○反对

如果我现在告诉你，丧生的不是人类，而是火鸡呢？每年在感恩节这个公共假日，都会杀死 4500 万只火鸡。

你会改变自己的投票吗？每天都会有动物被杀死来做我们的食物，火鸡又有什么不同？

如果我现在告诉你，为了享受感恩节，并理解火鸡献祭的含义，你必须亲手杀死一只火鸡呢？

你想改变自己的投票吗？

好，现在我会给你最后一条信息。如果我告诉你，下辈子你100%会投胎成为火鸡呢？

最后一次机会，你会改变自己的投票吗？

○支持　　○反对

TL；DR

我们如何投票，在很大程度上取决于我们是否受到投票结果的影响，而不是绝对的道德性。在感恩节做一只火鸡可不是什么好主意，甚至在任何时候做火鸡都很糟。嘎吱嘎吱。

原初状态（《科幻世界》）

大多数人会说，谈到政治，他们会以公平和平衡的方式去投票。他们会分析各个候选人，听取提案。为他们认为会给社会带来更大利益的人投票。正如我们试图在上一课表明的那样，即便我们认为自己是公平和平衡的，似乎投给的只是我们自认为会带来最大利益的选项，并在之后对投票的道德性进行合理化。火鸡和吃火鸡的人对感恩节的投票会大为不同。

在古罗马，居住在帝国边缘的人不允许为是否应当入侵邻国投票。理由是，邻国居民的报复行为最有可能发生在位于罗马帝国边缘的定居点范围内。直觉上来看有道理，对吧？但是，按照同样的逻辑，住在罗马中心的居民难道不是同样也会偏袒自己（相对的）的安全吗？士兵必须去战斗，所以他们肯定会有偏袒。士兵的妻子有失去丈夫的风险，这使得她们同样面临冲突（或许是双向的）。继续下去，你很快会失去所有选民，特别是当我们考虑到，就算结果无关我们的利益，人们仍然会基于经验、教养、道德和非理性等方面的理由带有偏见。

美国著名哲学家约翰·罗尔斯就是关注我们如何能够做出公平决策的学者之一。他在 1971 年出版的《正义论》中，将自己的解决方案称为“原初状态”。这个方案的运行方式如下：

1. 为了投票的公平起见，比如为感恩节投票时，所有人必须在“无知之幕”后面参与。

2. 这意味着，投票者无法获知会让他们产生偏见的任何信息——他们不清楚自己的年龄、种族、性别、权力、智商、障碍、天赋、价值、社会价值，甚至对于自己在社会中的位置也一无所知。他们不知道自己是来参加宴会的快乐的人类，还是宴会桌上摆放的火鸡。

3. 在无知之幕的背后，人们就可以为了每个人的利益自由投票，依据每个提案实际的价值做判断。只有在投票之后，选民才能知道他们是谁，是火鸡还是人类，以及自己的投票是帮助还是阻碍了自己（如果是后者，他们可能会上演《家禽游戏》大戏）。

原初状态显然是假设的，因为我们一出生就在一个有偏见的、已经在运行的社会中。无知之幕已然落下。所以在这种情况下，我们要如何以最好的方式构建社会呢？一位影响深远的哲学家孔子，说他知道该怎样做。

TL；DR

约翰·罗尔斯认为，我们只有在原初状态中才能不带偏见地投票——在原初状态中，我们对自己的情况一无所知(包括我们的年龄、性别、阶层和社会地位等）。如果罗尔斯如愿以偿，火鸡也可以为感恩节投票了。

第四十七课

神奇的无知之幕

第四十八课

孔子小档案

影响力： 欧洲 ★★☆☆☆☆☆☆☆☆

亚洲 ★★★★★★★★★★

国　籍： 中国

时　期： 公元前 551—公元前 479

追随者： 两千年以来整个中国社会

生平

孔子生活在春秋战国时期，那是一个社会剧烈动荡的时代。在目睹了现实的混乱后，孔子一直希求改变世界，希望秩序和团结能够在人们尊重传统的过程中得到修复。

最棒的点子

五伦。孔子思想的核心是规范我们生活的五种伦常，从高到低分别是：

按照孔子的学说，一段良好关系的特点是忠诚，他还期望每段关系都要遵循礼仪、责任和习俗的要求。社会进步不是依靠抽象的理想，而是靠以身作则。通过遵从我们自己在生活中的位置，尊重社会礼仪，才能塑造一个更公正的社会。

最糟的点子

自上而下的道德。孔子相信，社会的改变必须自上而下进行。尊重传统的公正统治者将会是一个光辉的榜样，迫使其他所有人追随他的步伐。或许正因为如此，虽然孔子曾经做过大司寇，但由于后来被排挤下台，所以并未取得好结果。此外，他的学说也没有如他期待的那样自上而下传播开来，而是在他的弟子们通过草根运动自下而上地贯彻其思想后才得以成功。

逸事

孔子信奉任人唯贤，无论学生出自何种阶级和社会地位，都可以进入他的学校。这种做法得到了保留，此后，任何想要获得一官半职的人，都要通过笔试来证明自己的能力。这可能是中国文化在过去两千年的大部分时间里，都在文化和技术上领先于西方世界的关键因素之一。尽管如此，孔子在去世前认为自己是一个彻底的失败者，他并未意识到自己的学说会界定整个中国的文化。

名言

“譬如为山，未成一篑，止，吾止也；譬如平地，虽覆一篑，进，吾往也。”但女人可不会这样说。

“知之为知之，不知为不知，是知也。”但可能远不如贩卖你的无知更有利可图。

“知之者不如好之者，好之者不如乐之者。”或者，这辈子一天也不工作，这样自然就不用选择任何一种工作了！耶！

孔子的厕所

① 拐杖：孔子曾周游列国，宣扬自己的学说。

② 法官的木槌：孔子曾在55岁任职大司寇。

③ 李小龙海报：孔子的英文名来自拉丁语 K'ung Fu-tzu（发音与功夫相同，孔老师、孔夫子之意），这是学生对他的尊称。

④ 家谱：孔子的家谱是世界上最庞大的家族谱系，现在已经编入了他的83代子孙。

⑤ 敬老标志：长幼之礼是孔子哲学的基石，因为他相信道德来自克己复礼。

⑥ 仅限男性标志：孔子认为，人们需要教育来分辨对错，但女性应该被排除在教育体系之外。

⑦ 流行文化中的对应人物：动画片《辛普森一家》中的斯金纳校长。两个人都是力图为自己的方法赢得尊重的教育家。斯金纳校长永远被困在他想要的东西（自由，与艾德娜·克拉巴佩尔在一起）和他对母亲严格的责任感之间，无论母亲对他有多坏。他们都是理想主义者，希望通过教育改良社会，但（在他们活着的时候）都没有取得多大成功。

TL；DR

孔子希望你知道自己的位置，恪守本分，谨遵长幼之礼，以改善整个社会。他相信社会进步不是依靠抽象的理想，而是要以身作则。也许他是对的，也许他只是被自己的名字迷惑了（confusedcius）。

第四十九课

东西哲学简明对照表

	代表学说	根本差异	这种根本差异的含义	哲学家对这个含义怎么说
西方哲学	各种理性和科学的学派，基督教	分析	如果科学是一道谜题，西方哲学特别乐于每次截取其中一部分，痴迷于分析它，直到只有专业解谜者才知道是怎么回事	西方哲学关注单个事件和个体的作用。借助逻辑和演绎推理的帮助，通过对精确自然法则的研究和分析，在外部世界中发现真理。经由不同的学科聚焦于具体的问题。真理必须同时是被发现和被证明的
东方哲学	佛教、儒家、道家、禅宗，瑜伽	综合	东方哲学想要融合一切，每个部分都完美结合在一个美好、整齐、完整的人生谜题中	东方哲学采取更宇宙论和系统的视角，将所有事物都看作宇宙中互相关联的部分。人们无法从个别实验中发现真理，但是可以通过内省和探寻内在的自我而被解释出来（通常以冥想的形式）。必须具备普遍知识和包罗万象的情境

信仰和价值观	哲学家如何看待信仰和价值观	如何看待人本身	宗教在哲学中的地位
由外而内	一个人的成功和成就大多用外在因素来衡量（比如金钱、信仰和受欢迎程度等）。一个人人格中的个人主义本性在西方哲学中受到尊重和鼓励。你应该对现状持批判和质疑的态度	你和你的灵魂都是稳定和固定的。身体和心灵截然二分	敌人
由内而外	你的内心世界和你掌控它的能力是最高价值。经由自我发展，迈向巅峰之路是内在的自我。个人主义是不道德的	你需要挖掘真实的自我。唯一的分裂只可能发生在你的内心	最好的伙伴

TL；DR

西方哲学是由外而内的，答案就在外界有待于挖掘。东方哲学是由内而外的，答案在我们内心深处。

第五十课

为什么人体器官喜欢终止合同

据估计，在德国每天都有 3 个人在等待器官移植时死亡。并不是缺少足够的器官，而是缺少捐献者。虽然大约 70% 的德国居民说自己愿意捐献器官，但实际上只有 12% 的人最后会这样做。器官捐献在大多数国家都属于自愿选择加入的系统，而且需要一张器官捐献卡。

我们中许多人从未选择加入器官捐献者行列，原因很简单，虽然有良好的意愿，但我们很忙、很健忘，而且不愿意面对诸如自己的死亡这类扫兴的事。而且，总是有那么多美味的新蛋糕要去品尝，那么多精彩的电视节目要欣赏。政府投资了数百万美元，以提高人们对器官捐献重要性的认识，尝试鼓励我们加入器官捐献系统，但这些努力并不十分成功。

不过还是有其他方法来解决这个问题的。比如，奥地利就成功说服了 99.98% 的公民成为器官捐献者！他们到底用了什么神奇的技术来教育自己的公民呢？很简单，他们把器官捐献设置为一个自愿退出的系统，而不是自愿选择加入系统。如果你是奥地利公民，除非你明确选择退出（简单寄一封信就够了），否则你的器官就属于其他奥地利人，在你去世后，它们就会被人认领。为什么只有 0.02% 的人选择退出呢？和很少有人明确选择加入系统原因类似——冷漠、懒惰和无知各种原因混在一起（他们根本不知道自己需要退出）。当然，也可能他们就是想要帮助他人。

所有社会都将公民置于自愿加入和自愿退出合同的约束之下。投票、慈善、志愿服务，都是自愿加入。你的工作、家庭、俱乐部、社团、电话营销、垃圾邮件，都是自愿退出。但是，究竟从什么时候开始，你自愿加入了这个包含着各种合同的社会呢？这个加入和退出的系统是如何运作的？

好吧，这个系统本身也需要一份特殊的合同。就像奥地利人和他们的器官一样，很少有人知道他们已经自愿加入了捐献系统，也不可能退出。这就叫社会契约。

TL；DR

社会以一种自愿加入和自愿退出的合同形式运行。这个从你出生就自愿加入，无法自愿退出的超级合同，就叫作社会契约。可以把它比作对于整个社会都有效的有线电视服务合同。只是社会契约更灵活，因为你可以通过死亡摆脱它。

第五十一课

关于社会的美好蓝图

一直到18世纪，权力都始终以极为简单明了的方式分类，只有两种清晰的分配模式：

1. 自然秩序：这个模式就是前文说的亚里士多德的自然阶梯：底层是石头，顶层是君主、世袭公爵和皇室成员。这个秩序看起来到底有多“自然”，取决于一个人在这个秩序中处于多高的位置。方便的是，上层有权对下层强制施行继承权。

2. 神圣法则：在这个模式中，事物的准确秩序是上帝向门徒揭示出来的。巧的是，神圣秩序的信徒常常可以幸运地偷个懒，因为他们是依照上帝的旨意待在顶层的！坚持神圣律法，而非人为律法的理由是，既然神从不犯错，他们又怎么会在选择某个特定的神父、牧师、萨满集团或菲利普亲王时出错呢？

对于不在顶端的人来说，秩序出于自然还是神授无关紧要。对石头、植物、豌豆和农奴而言，这两种体制都深具马基雅维利式（狗咬狗）的色彩，无论到底是谁在做顶端狗。

法国哲学家让－雅克·卢梭对这两种模式都不满意。他认为，我们生而自由，生活在一个他称之为“自然状态”的世界里，一种没有税收、政府和所有其他社会不满的状态中。但是，他发现，周遭的一切只证明了“人生而自由，却无往不在枷锁之中”。

卢梭并不天真。他知道我们不可能独立生活在一个没有社会和社会中神奇的电动牙刷、多屏影院和焦糖华夫饼的丛林当中。自然状态可不是野餐会。哲学家托马斯·霍布斯说，在自然状态中我们的生活将会是“孤独、贫困、肮脏、野蛮和短命的”。

尽管如此，卢梭得出的结论是，如果我们必须“被奴役”，也可以在互相奴役的协议规则基础上，做出自己自由的选择。以这种方式，我们放弃一些权利来换取一些保护，进而重新获得自主性。虽然我失去了谋杀你的权利，但你也失去了谋杀我的权利（这样做没有恶劣后果或高额的诉讼费用）。这听起来很简单，但它永远改变了统治的合法化方式。我们现在有了另一种选择：社会契约。

人民会成为唯一主权和真正合法的权力。他们会放弃一部分权利以换取保护。我们忽然间有了一个框架，在这个框架之下，我们被许诺了不可剥夺的权利、私人财产、投票权、代表权——所有这些都基于一套不断发展的法律。今天，社会契约几乎是每一部宪法的核心。懂了吗？这是一份自愿加入的合同，在我们出生时为了维护我们的利益而签订。除非死亡，否则终身有效。

TL；DR

没有人是一座孤岛。如果你想要的是一个社会，完全自主的自由是行不通的。不过，我们不必受制于自然秩序或上帝的信条。相反，我们可以选择通过订立社会契约的方式，彼此放弃一部分权利。奴隶制最好作为一个 DIY 项目进行。

第五十二课

诸种政体概览

英文后缀 -cracy 来自希腊文 -kratia，原意是权力、统治，经常放在词尾表示某种统治或政府形式。如民主制 Democracy、贵族制 Aristocracy 等。

公司王国：由公司或具有某些私人成分的政府实体组成的政体。“这位公民，你想要什么？周末？嗯，让我和大石油和大烟草公司的好心人核实一下，然后回复你。”

随机政体：由随机选择的人来统治（就像中彩票一样）。“你，这位戴黑帽子的先生。恭喜你，成为新任首相。让我们向首相致敬！”

法西斯主义：由极权政府或个人统治的政体，无法以民主的方式剥夺他们的权力。“为什么由我来统治？闭嘴，否则我会杀了你。”

恶人统治：由最低劣和最缺乏道德的公民统治的政体。“之所以由我们来统治，因为我们从来没干过这事儿，我是说，干吗不试一试呢？这事儿能有多难？你，就是你，过来，给我造一座大理石宫殿，造型要像我的脸一样。”

精英政体：由完美展示了他们的才智、能力和价值的人统治的政体。“看这些盆栽被我摆弄得多好。显然我就是内政部长的合适人选。”

君主政体 / 贵族政体：由少数上层个体或一个上层人士以国王或女王的形式组成的政体。“之所以由我来统治，因为我是上一个统治者的儿子。我的证件？刚刚告诉你的就是我的证件。”

寡头政体：由一小部分上流社会群体统治的政体（通常是皇室、富人、军人、知识分子或宗教人士）。“投票给我们就是投给……嗯，老实说，无论你怎么投都是我们赢。所以，按照自己喜欢的方式投吧。”

泛权政体：一种设想的政治哲学，在该政体中，每个个体的居留地都不受限制，随时有权改变自己的政府或管辖权。“税务局？不要再给我发邮件了。是，我现在住在亚特兰大，但我已经决定现在受密克罗尼西亚群岛的瑙鲁管辖了。缴税？哈哈，瑙鲁一分钱税都不用缴。”

财阀政体：由最有钱人统治的政体。“之所以由我们来统治，是我们银行账户里的数字决定的。这里有五十块钱，拿着赶紧走。”

专家政体：由工程师、科学家和其他各种书呆子统治的政体。“自从我们投票把微博选入交通部以来，我更喜欢为生活点赞了。”

神权政体：由上帝统治，但是由某个教会或宗教团体以上帝之名管理。“上帝说我应该做统治者。和你也是这么说的？好吧，上帝让我告诉你，弄错了，你不是统治者。来人哪，以上帝之名，把这个人抓起来，还有，给我做个三明治。”

TL；DR

存在着多种政治统治模式，包括恶人政体（由最卑劣的人统治）和神权统治（“以上帝之名统治”）。唯一不变的是，在权力的顶端永远会有更多乐趣。

第五十三课

名副其实的极简版伦理学

社会契约是美好的。我们可能高兴地接受了它，也可能不太情愿。但私人契约呢？我们该如何彼此相处？什么样的方式是公平的？或许最著名的私人合同，就是几乎在所有伦理教义中都能找到的互惠原则："己所不欲，勿施于人。"这是一条黄金法则，不过别把它与黄金的法则弄混："谁拥有黄金，谁就制定规则。"

我们大多数人都会认同，这是一种还不错的生活方式。与人为善，因为你希望别人也与你为善。这是一条简单的互惠道德准则，或许正因为如此，它才会延续几千年。

不过，在错的人手中，黄金法则也是危险的。因为不同的人对"善意"的理解大为不同。如果你想不到合适的例子，打开搜索引擎，随便输入两个你认为完全不可能与SM相关的词汇，你会立即发现自己错了。一个人乐此不疲的情爱游戏，可能是另一个人一生的噩梦。盲目追随黄金法则，可能会将你引向黑暗，无论是比喻的意义上，还是真实的黑暗。

不信？设想以下场景。你听到敲门声，打开门看到一个男人站在门口，手里拿着一把滴着血的斧子。他很镇静——远比你想象中那种手持沾满鲜血斧子的人镇静得多。他说在找你的一个朋友。男人问道："你知道她在哪吗？"你知道。

这时候你会怎么做？

说谎会破坏黄金法则，除非你想成为谎言社会中的一分子。但是，如果按照黄金法则行事，你就把朋友置于暴力和过早死亡的风险当中。

正因为这些漏洞，许多哲学家都批评过黄金法则，其中最著名的是德国哲学家伊曼努尔·康德。他认为，行为的外部规则，即来自他人的规则将永远都会有缺陷。原则上，我们给予自身的内部规则虽然听上去更好，但我们要如何确定，所有人都具有同样的伦理？他希望伦理既是一种绝对的、无可辩驳的普遍法则，又是自我给予的。对的就永远是对的，不管在哪一天，也不管你是否喜欢。

因此，康德认为我们应该相信理性。就像 1+1=2 一样，无论谁来计算，理性可以为任何理性存在提供相同的理性规则。他进一步发展了黄金法则：就好像你的行为会成为每个人都遵循的普遍法则一样去行为。或者用康德的话来说（像更难理解的克林贡语）：“只按照你同时愿意让它成为一个普遍法则的那个准则去行动。”

所以现在，你必须想出适合所有理性主体的规则，而不是让自己的偏好成为规则的仲裁者。在康德看来，这是绝对命令，如果你活着，就合乎道德地活着。在我们设想的场景中，你需要告诉手持斧子的人真相，因为道德行为的价值，并非来自它们所预期产生的结果。如果对这个男人说谎，你就成了达成目的的一种手段，而且否认了另一个人的理性，这就完全破坏了自由的理性行动。

TL；DR

康德试图构建一条普遍的道德律令，他将其称为绝对命令。在你知道康德对一个手持斧头四处找你的人都不会说谎之前，这听起来倒是不错。我们不能把绝对命令（categorical imperative）和猫咪命令（categorical）弄混：猫咪永远可以做任何它们想做的事。

第五十四课

白金法则

如果你对绝对命令、黄金法则和限制人生乐趣的现代体系，如十诫之类不买账，那么以下是你可以采纳的若干其他生活规则。

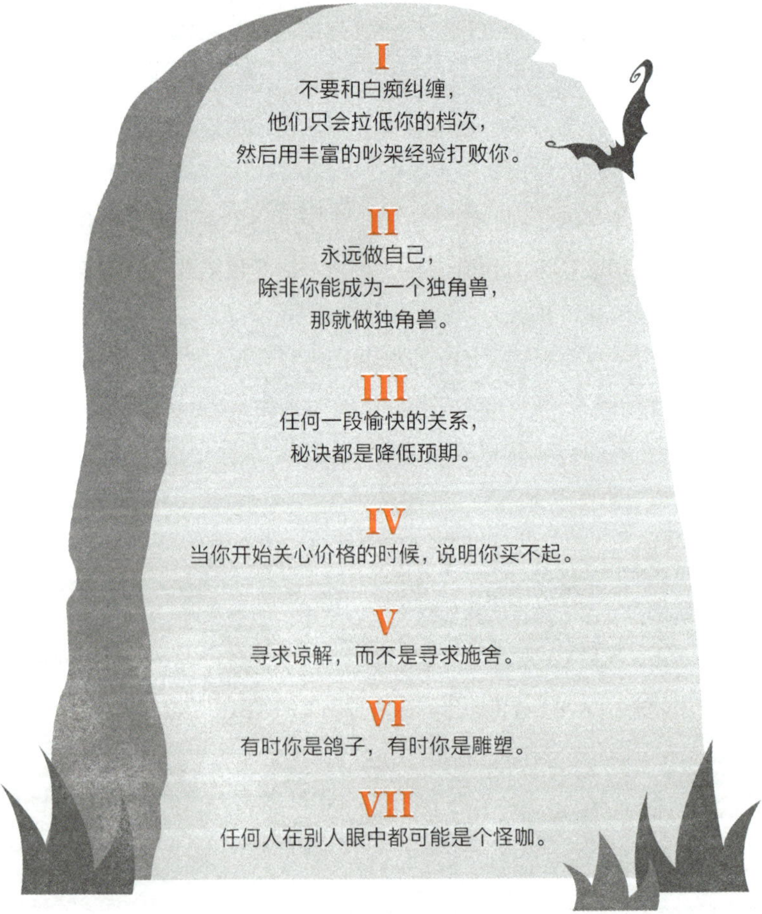

VIII

经验是个好东西，
它会让你在再度犯错时认清这个错误。

IX

如果你表情严肃，穿着白大褂，
手拿写字板，就可以随便去任何地方。

X

所谓饮食均衡就是一手一个小蛋糕。

XI

如果第一次就没有成功，
那说明跳伞根本不适合你。

XII

那些要向你分享自己宗教观念的人，
永远不会想要听你的看法。

XIII

所谓良心，就是身体其他部分都安然无恙，
只有那里疼的地方。

你是否想过，正是由于几条简单的规则和限制就能让生活受益良多，所以先知摩西从西奈山回来时，才只带回了上帝的十条戒律，想一下，他还得背着刻有十诫的石板下山呢！

TL；DR

生活中有许多你要~~遵守~~打破的规则。宇宙间最具破坏力的东西就是八卦。还有“我是为你好”。

第七章

现实与意识

第五十五课

黑客帝国 2.0

眼前的生活从未真正让你感到舒适。当然，也有一些美好的瞬间：爱人温暖的拥抱；美酒；里斯花生酱杯子蛋糕；忽然发现还剩下几片比萨……但你总觉得哪里不对劲。这日子是不是有点太……有人造感？刻意？难以置信？有点像《黑客帝国》？

一天晚上，你像往常一样爬上床，但当布袋忽然从你头上拿下来时，你猛然惊醒了，发现自己在一个漆黑的房间里。对面坐的是《黑客帝国》里的墨菲斯。他说："你是对的，世界是虚拟的。事实上，电影《黑客帝国》是一种电脑病毒，它被包装成一部电影，引入真实的矩阵中，目的是试图唤醒人们意识到自己生活在矩阵中的可能性！你能想到这一点太好了。"和电影中一样，随后他张开手掌递给你两个药丸：一个红色，一个蓝色。"蓝色让你回到床上，之后忘记这一切。红色让你在矩阵之外的'真实世界'中苏醒，但那里并不美好。没有特殊技能，你也不是救世主。没有崔妮蒂在等你，你也不能在两个世界之间飞来飞去。"

你会选哪一个？活在完美的谎言和悲惨的现实中，哪个更好？

你吃了红色药丸，决定为了真实不惜一切代价。随后，你在地下五层的黑色掩体中醒来。墨菲斯说得没错，现实并不美好。每个人都住在地下；你再也去不了"外面"；唯一的食物是代餐营养粉；里斯花生酱杯子蛋糕成了一个遥远的、逐渐消失的记忆。

但至少你活得真实。时间流逝，你尝试好好在这个新世界生活。后来有一天夜里，你被绑架了。布袋从头上拿开的一刻你再度醒来，又看到了墨菲斯。

他说："对不起，上次见面我没有完全说实话。这个世界末日后的世界，也不是真实世界。你仍然在矩阵中，只不过它是后末日版，是通向真实世界的中途驿站。这次模拟的目的是提醒你现实的'现实世界'有多糟糕。"他再次拿出红色和蓝色药丸，"你还想看看兔子洞有多深吗？"

这次你会怎么做？接受这个"现实的中转站"，还是继续追求真理，不管这条路多残酷？如果墨菲斯向你揭示的下一个世界，实际上也不是"真实世界"呢？如果《黑客帝国》中的尼奥，在电影中发现的只是另一个虚拟的世界，他在那里实现了自己做救世主、赢得穿着性感皮衣女子的芳心的幻想，会怎么样呢？

TL；DR

即便你逃出了矩阵，也不知道外边的世界是否只是另一个矩阵。不要执迷不悟，放弃吧——第一部《黑客帝国》之后，导演就该这样做。

我转发，故我在

Cogito, ergo sum："我思，故我在。"这句话相当于 $E=mc^2$ 的哲学版。每个人都知道这句话重要，但很少人知道为什么。初看之下，"我思，故我在"似乎直觉上来说不难理解。就像许多哲学一样，想看清它的重要性，就要把它放到历史语境当中。纵观哲学史，怀疑论在哲学中一直存在。哲学怀疑论允许你蔑视所有的思想，而不是尝试把思想建构成融贯的体系。怀疑论显示出，我们的所有感觉都是不可靠的，所有概念都存在错误——拆解理论是建构理论更迷人、更容易操作的兄弟。

笛卡尔想遏制激进的怀疑论。他从论证一定存在着某种连最极端的怀疑论形式都无可置疑的确定知识出发，来灭一灭怀疑论的威风。笛卡尔通往确定性的道路是这样铺成的：1. 假设有一个强大的邪恶精灵控制着我们所有的思想，操纵着我们对世界的感知。2. 如果接受这个邪恶精灵的存在，还有办法来证明出无可置疑的东西吗？还有什么是超出邪恶精灵控制的东西吗？ 3. 它就是“我怀疑”。4. 如果我怀疑，那么，我就是在思考，对吧？怀疑需要思考。5. 在我这里，有一部分邪恶精灵是无法欺骗的，也就是，我对我的存在的感知。6. 所以，我思，故我在。拿去怀疑吧！你们这些怀疑论者（和邪恶精灵）！

古希腊工匠阿基米德曾经说过一句名言：“给我一个足够长的杠杆和一个支点，我能撬起地球。”一旦笛卡尔确立了他认为无可置疑的真理，我们的知识就有了支点，其他知识都可以用这个支点撬动。我们就可以击退激进的怀疑论者。因此，笛卡尔这个简单的句子家喻户晓，已经流行了数百年。

TL；DR

坏消息？可能有一个邪恶精灵正控制着我们所有的思想？好消息？为了被他欺骗，你必须至少先存在。不过，存在的坏消息又是什么呢？缴税。

第五十六课

笛卡尔小档案

影响力： ★★★★★☆☆☆☆☆

国　籍： 法国

时　期： 1596—1650

追随者： 康德、斯宾诺莎和二元论者

生平

笛卡尔通常被视为第一位近代哲学家。他生活在一个教会所说的一切都完全被称为福音的时代。笛卡尔想要证明，哲学能够为疑难问题提供确切的答案，所以我们不需要依赖神性。

最棒的点子

我思，故我在（即拉丁语：Cogito，ergo sum）。这个简单的理念点亮了启蒙之光，最终削弱了天主教会对我们今天生活中许多重要问题的控制。

最糟的点子

静态宇宙流体。在笛卡尔时代，大多数哲学家已经知道地球是围绕太阳旋转的，但是，罗马天主教会有一套更令人信服的方法，叫作“活活把异见者烧死”。因此，由于害怕教会的报复，笛卡尔推迟出版了他的著作《论世界》。相反，他把自己的观点进行了温和的加工，在地心说和日心说之间达成了妥协，他说，宇宙被淹没在一种静态的流体中，所以，尽管地球确实围绕着太阳转动，但这是宇宙后来添加的一种形态。

逸事

1619年，笛卡尔纠结于是去参军还是从事哲学工作。一天晚上，他从一个特别逼真的梦境中醒来，在梦里，他打开一本书，看见一篇名为“生活之路，我该做何选择？”的诗歌。虽然不记得整首诗剩下的内容，但他得出结论，既然梦见的是一本书，那一定是表明科学世界比掠夺和征伐更值得的信号。不清楚为什么笛卡尔没有把这个梦看作成为一个诗人的信号，或许因为他更喜欢名气、金钱和暖气吧。

名言

“阅读所有的好书，就像与过去几个世纪最伟大的思想交谈一样。”这样做的好处是，你可以随时让他们闭嘴。

“除了我们的思想，没有什么能绝对受自己掌控。”即使你结婚了，那也未必是既定的事实。

“如果你想成为一个真正的真理探寻者，此生应该至少有一次极尽可能地去怀疑一切事物。”包括这句话本身，也就是说，一切都好，别大惊小怪的……

笛卡尔的厕所

① “科学……才是王道，傻瓜！”涂鸦：笛卡尔生活的 17 世纪是科学革命的时代，所以笛卡尔说这话还不算太早。

② 勋章：他曾在军队服役四年。

③ 眼罩：由于“身体原因”，笛卡尔从未早起过。当他最终改变了这个作息时，感染了肺炎，不到一年就去世了。

④ 禁书：他的著作在梵蒂冈教廷的禁书名单上。

⑤ 奢华的服饰：笛卡尔喜欢穿着打扮。

⑥ 钱：笛卡尔善于理财；他的投资让自己一生都有稳定的收入来源。

⑦ 木底鞋：他在荷兰生活了二十多年，在那里完成了他的大部分著作。

⑧ 流行文化对应人物：时尚达人。他们早上都喜欢赖床，喜欢穿着打扮，与附庸风雅的人士交往。当历史上第一家咖啡馆在荷兰出现时，笛卡尔就生活在那里。如果这还不够的话，早在冥想成为一件很酷的事之前，笛卡尔就已经深谙其道了。如果他今天还活着，就会骑着一辆死飞车，穿着伐木工衬衣，告诉人们要“清醒”，要“怀疑一切”，只为了兜售他自费出版的俳句诗集。

TL；DR

在那个艰难的时代里，教会说的话就是“事实”，笛卡尔当时为证明哲学是一项崇高的事业做出了极为重要的贡献，不幸的是，教会却从没说过免费饼干是“事实”。如果他们当初这样做了，信众人数应该会更多。

第五十七课

身心二元论减肥食谱：如何在两周内甩掉灵魂

另一个与笛卡尔密切相关的问题就是身心二元论。这个问题是要解答：心灵和身体是同样的实体吗？由于提出了“我思，故我在”，所以从逻辑上来看，笛卡尔似乎并不认为心灵和身体是相同的实体，因为身体会被邪恶精灵欺骗，但灵魂和它“正在怀疑的我”却不会上当。因此，我们必须厘清两种彼此分离的实体：

1. 心灵 / 意识 / 灵魂（不朽的）

2. 肉体（很大程度上是可朽的）

这仍然是一个备受争议的观念。有些人喜欢身心分离的论调，因为它帮我们解释了很多棘手的问题，诸如人死之后会怎么样(剧透警告：变成鬼魂）。另一些人反对身心二分，很简单，因为找不到科学证据支撑这个观点。科学厌恶无法证明的理论，就像你讨厌别人踩你的乐高玩具一样。

争论者分裂为两个阵营。

1. 二元论者：二元论者相信，存在着身体和精神两个互相分离的部分。

优势——不朽（以某种形式）。

劣势——很难解释非身体性的灵魂如何驱动肉体去行动。此外，还存在身心分裂，以及可能会有……丧尸。这可不是什么好事。

2. 一元论者：对一元论者而言，只存在物理世界，这个世界由自然法则统治。

优势——不用解释太多。更不会有丧尸。

劣势——我们是凡人，没有灵魂，而且需要解释，心灵或物质是不是被别的东西所蒙骗的一种幻觉。

大多数人都倾向于相信二元论，因为，如果你不相信灵魂的存在，就更难找到灵魂伴侣了，物质趋于衰老和死亡（至少需要昂贵的整容手术），这个问题基本上与灵魂无关了。

TL; DR

如果你相信身体和你（意识、个性、灵魂）是分离的，那你是个二元论者（dualist）。如果你认为，这只是你真实身体机智的小把戏，那你就是一元论者。如果你不知道是怎么回事，但希望每个人都为之争论不休，那你就是一个角斗士（duelist）。

第五十八课

灵魂真的存在吗

因此，灵魂是一种人为构造，它更像是为了弥合死亡和死后世界而构想出来的。好吧。但是，灵魂在哪儿？它如何运作？它是什么时候进入身体的？它进入身体了吗？我们有如此多的问题，却只有如此少的时间（不是说我们的灵魂——它们可是不朽的）。

下文概括了历史上著名的思想家关于灵魂如何运行的想法。

1. 苏格拉底和柏拉图：灵魂分为三个部分——理性（在头脑中）；情感（在胸内）；欲望（在胃里）。“难道你没有认识到，我们的灵魂是不朽的，而且永生不灭吗？”

2. 亚里士多德：灵魂就是我们的整个身体。我们是凡人。灵魂在怀孕的不同阶段进入我们的身体。“男婴是……在第 40 天，如果是女婴的话……在第 90 天。”

3. 佛陀：没有灵魂，也没有永恒的本质。我们只是一簇意识反应，为了克服不正见，我们必须修行不执，觉知到我们与生俱来的想至想、

念到行的轮回。“一切世间境界之相，皆依众生无明妄念而得建立。”

4. 笛卡尔：灵魂就是位于大脑中心的松果腺。“之所以相信它就是灵魂，因为除了它，我在大脑中找不到其他沟通二者的部分。”

5. 邓肯·麦克杜格尔：这位美国医生虽然不知道灵魂在哪儿，但他说灵魂的重量是 21 克（所以有《21 克》这部同名电影）。“在死亡的瞬间，灵魂差不多立即与身体脱离，虽然对性情迟钝的人来说，它可能会在体内停留一分钟。”

6. 鲍比·伯德和詹姆斯·布朗：这两位歌手都唱过名为《我知道你得到了灵魂》的歌曲。

7. 波利尼西亚：在波利尼西亚的某些宗教中，打喷嚏意味着一个人在和他的灵魂争执。吊诡的是，这种情况下，有可能是灵魂在尝试离开身体，也有可能灵魂在奋力重新进入身体。

8. 娜迦·尤古谢娃，一位来自阿尔泰的萨满巫师：“女人有四十个灵魂，男人只有一个。”如果我们假定她说的是鞋的话，似乎更可信。

TL; DR

在历史进程中，人们给出了许多灵魂的定义和位置的说法。我们所确信的是，大多数人都想拥有一个灵魂，而奸商早就把自己的灵魂出卖了。

第五十九课

意识真的存在吗

如果你没有意识，有灵魂又有什么好的？不过等等，意识是什么？许多人尝试回答这个问题，却没人知道正确答案是什么，方便的是，这也意味着你可以自己决定，无所谓对错（至少目前来看）。耶！你相信自己的意识是哪种类型？

TL；DR

以你自己相信意识从何而来为依据，可以为自己贴上许多独特的标签，从行为主义者到心物二元论者。无论你认为意识来源于何处，如果你过马路时还在看手机，那可能就会失去意识了。

你认为意识存在于现实之外，有一个属于自己的独立领域	=	你是心物二元论者。
你认为意识只是大脑的一种功能	=	你是功能主义者。
你认为意识属于生理上的物质部分，就像电磁一样	=	你是属性二元论者。
你认为意识和我们的精神状态是能够在大脑扫描时被观察到的生理现象	=	你是心脑同一论者。
你认为意识是从大脑状态中产生的感觉	=	你是涌现主义二元论者。
你认为意识只是一种行为，基于我们的行为，才看起来具有意识	=	你是行为主义者。
你认为意识只是思想，但它处于更高的层面：是更高阶的思想	=	你是高阶理论家。
你认为意识是你最有意义的思想被凸显时的感觉	=	你是认知主义者。
你认为我们最好享受意识，而不是把它理论化	=	你是普通人。

第六十课

中文屋

虽然对于我们是否具有灵魂存在着诸多争论，但我们都知道自己是有意识的，而正是独特的意识（和对生拇指）让我们在很大程度上成为与众不同的人类生物。但是，如果一台机器和我们一样也具有意识呢（简单来说，它喝了四杯浓咖啡后）？它是否应该享有和我们一样的权利？

在回答这个问题之前，让我们先回过头想一下。机器是否能够变得博学和智能？“知识”经常被用作“智力”的同义词，更确切地说，所谓智力是你在准确运用知识的过程中所展现出来的：

知识+知道如何运用知识=智力（例如，爸妈今天不在家+知道如何给通信录里的所有人发信息=让你禁足一个月的精彩家庭派对）。

这种说法似乎很符合直觉，不过现在来试试美国哲学家约翰·塞尔的思想实验。如果你现在没在上厕所，那就设想自己正坐在马桶上。现在，想象有人从隔壁缝隙递过来一张纸。你把它捡起来，看到上边写着中文字符。你不懂中文，所以不知道上边的字是什么意思。但你随后发现，你手上这本钟爱的、翻烂了的《厕所里的哲学课》忽然变成了一大本说明书。按照这本说明书，你就能查找纸上中文字符的线索，它也会告诉你该用什么样的中文给它回复。

你按照书中的引导，用中文写了自认为正确的回复，从门缝塞了回去。过了一会儿，你收到了回复。你还是不知道纸上谈论的是什么话题，塞纸给你的是谁，以及为什么要用中文写？不过，你还是继续用这种方式，在书里找匹配的线索，写好，再塞回去。

现在，假设只有你自己知道这里发生什么，而隔壁写字条给你的人却

不知道你是如何写出中文来回复的。如果你手中这本说明书足够完美，凭借你传过去的字条，对方会认为你是一个聪慧的说汉语的人吗？

然而，你并不是。实际上，你就像一个电脑程序在运作。说明书告诉你如何输入。你把这个输入与一组配置相比较，并传送出一组输出。你的工作只是做模式匹配。由此引出的另一个问题是：如果是机器在完成这一系列过程，而不是你，我们能不能说机器是有智慧的？相比于“机械智能”，你要如何测试出真正的智慧？

TL；DR

中文屋思想实验说明，从外面看起来智能的东西，可能不过是模式匹配。这是人类智慧和机械智能的一条分界线，我们可以肯定的是，这两种智能，只有一种需要上厕所。

第六十一课

所谓智能与什么有关

知识与智力之间的区别是重要的，因为，我们更倾向于接受电脑程序具有知识，而不是说它具有智力。我们趋向于希望人类保有一种智力的品质。

二战时期破译德国恩尼格玛密码的科学家艾伦·图灵曾经说过一句名言，如果一台计算机能够让一个人相信和他交流的是另一个人类，那么，我们就说它是智能的。这个说法后来成为图灵测试，人工智能（即AI）程序通过图灵测试来以自己的步调回答人类创造的、棘手的、愚蠢的和含糊不清的各种问题，比如古希腊预言家埃庇米尼得斯的说谎者悖论：“这句话是谎话。”（这是一个悖论，因为如果这句话是谎话，那它就是真的；如果这句话是真话，它就是错误的）

类似问题对我们来说都很难机智地回答，而对一台机器（不管它在厕所，还是在哪儿）来说，很难令人信服地伪造出智能的回复。当机器通过图灵测试，那将会是媒体的一件大事。许多人认为，人类已经距离制造出有意识的机器不远了。可能那将会是人类最后的发明，智能机器不会受到生理条件的限制，所以它们会超越我们，让我们再也没有机会去追赶。

对约翰·塞尔来说，中文屋是用来矫正此类人工智能的方法。他相信，盲目地按照某个程序运行，偶然地正确使用汉语并不能表现出智力（就像你偶尔踢出一记好球，不代表就是一个足球运动员；或者知道怎么使用厕所，却不理解下水道如何运作一样）。模仿智力并不是真正的智力。二者有关键区别。如果计算机不理解自己在做什么，就不能认为它具有智力。进而，塞尔把人工智能分为两种类型：

1. 强人工智能——计算机具有与人类相同意义的心智。

2. 弱人工智能——无论计算机对智能的模拟有多成功，也不管它在某一项任务上是否优于人类，它都只是对智力的一种模拟。

中文屋中的计算机，至多只能算弱人工智能。但是我们没有制造出任何类似于强人工智能的计算机。或许这并不奇怪，因为我们还仍未确定我们自己的大脑和意识是如何运作的。我们仍然不知道意识是否具有某种独特的、涌现的特质。意识也许不过是大脑中数百万计同时发生的各种进程，只是让我们相信它是某种特别的东西。就像塞尔的中文屋那样。

或许某一天我们会制造出具有意识的机器。如果做到了，而且你又是一个二元论者，相信灵魂的存在，那么你将面临一个全新的、有趣的问题——你会争论，为什么某些东西具有意识，却没有灵魂，或者你会干脆接受机器也具有灵魂。

TL；DR

图灵测试和中文屋表明，我们对意识仍然所知甚少。幸运的是，至少我们的智力分配得很平均（还没听说有人抱怨自己拥有的智力太少）。

第八章

理性主义与经验主义

第六十二课

亲爱的华生（和福尔摩斯），推理是最基本的

一位女士的尸体在她的公寓被发现之后，两位著名的侦探被派去侦查凶手。其中之一就是著名的夏洛克·福尔摩斯，另一位是他足智多谋的助手华生医生。他们进入公寓调查和分析犯罪现场，两个人都运用了自己最喜欢的方法。

夏洛克笑着说：“华生，我又一次破解了这个案子。”

“有可能，不过似乎在这种情况下，我得出的才是正确结论，夏洛克。”

“行，那你先讲讲吧。”夏洛克说。

“好，我们都知道，破案的第一步是观察犯罪现场。前门完好无损，说明受害者认识凶手。看血液迸溅的模式，我能演绎凶手使用的武器是一把斧子。隔壁邻居是一个伐木工——他门铃上写着呢。依照我的经验，大多数伐木工都用斧子。所以，凶手很可能就是这个邻居。”

“好吧，”夏洛克说道，“你说得很有趣，不过不是最基本的。经验不是很容易误导人吗？从一个普遍的事实开始，并依据自己的证据来检验它不是更好吗？犯罪统计得出的一个普遍的事实是，大多数年轻貌美的女性，都是被自己的前男友杀死的。正如你准确观察到的，从前门和伤口来看，在这个案子中，受害人看似与凶手认识。但是，相比于演绎出邻居是凶手，我推断她的前男友才是罪犯。”

这是一场僵局。两个人都不退缩，不过由于华生的理论不需要走太多路，他们就去审讯邻居，后者很快就承认了罪行。华生是对的。但是，

在审讯过程中，他们得知邻居事实上也是死者的前男友。一个人用演绎法得到了答案，另一个人用推理。两个人都是正确的。

TL；DR

推理的方法有许多种，其中主要的两种是演绎（从一般推导到特殊个例，自上而下）和归纳（个例到普遍规则，自下而上）。犯罪现场有点像艺术剧场的恐怖电影；对这些电影有多种阐释方法，虽然总是有人被谋杀，但这常常只是艺术水平高的表现。

天赋观念的白板

认识论是哲学的分支，它关涉的是知识如何运作。在 18 世纪，认识论中有两个对立的派别变得颇为两极化。

1. 理性主义者：知识经由演绎推理而发现。是从普遍法则到特殊个例的过程。

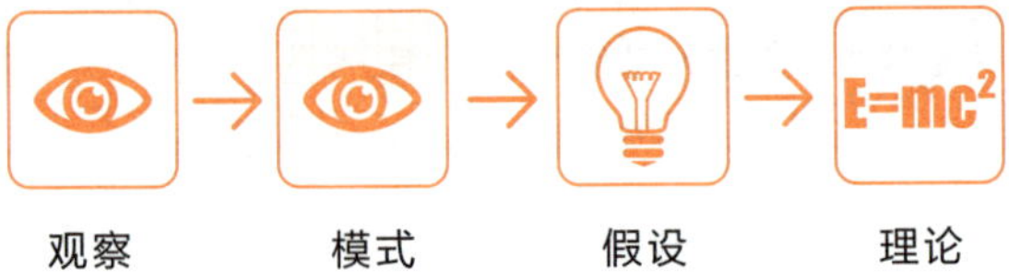

理性主义是一种自上而下的研究方法，由抽象的普遍原则向下运行到对日常事例的确证。理论大于实践。

理性主义者相信存在着先天的知识。我们的感觉可以帮助我们揭开独立于经验而存在的真理，例如，所有三角形都有三条边之类的数学真理。如果我们理解了这个概念，也就理解了规则。当然，要让演绎推理发挥作用，你需要准确的普遍原则，从这些原则出发进行推导——就像 GPS 卫星导航一样，如果你的朋友给你的地址是错误的，不管 GPS 多准都没用。柏拉图、笛卡尔和斯宾诺莎都是著名的理性主义者。

2. 经验主义者：知识经由归纳得出。是从个别事例到普遍法则的过程。

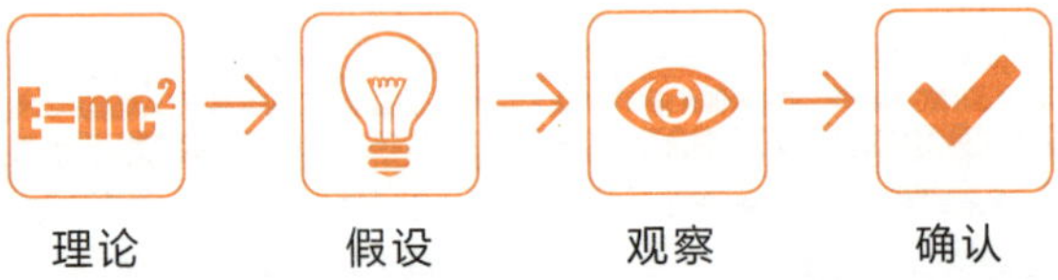

经验主义是一种自下而上的研究方法，从个体案例到制定一种普遍的法则。实践大于理论。

最著名的经验主义阵营思想家，包括英国哲学家洛克、贝克莱和休谟等，都主张经验是所有知识的唯一来源。我们由作为“白板”开始，经过“印象”，到达“感觉”，之后形成“理性”，进而产生了知识。科学在很大程度上是建立在经验主义原则基础上的，基于这些原则，我们通过经验观察来改进理论。为了让归纳法产生效果，你必须相信自己的感觉，这就好像一个喝醉酒的人告诉你他能撑竿跳过一堵墙一样，有时候结果会是犯错或者送去急救。

TL；DR

哲学基于酷炫的演绎逻辑和基本的经验观察哪种方法更好而分为两个阵营。对经验主义者弗朗西斯·培根而言，答案很明显：“经验主义者就像蚂蚁，他们把信息搜集在一起使用；而理性主义者就像蜘蛛，他们从自身出发编织网络。”

第六十三课

启蒙拳王争霸赛：理性主义 vs 经验主义

第六十四课

大卫·休谟小档案

影响力：★★★★★★☆☆☆☆

国　籍：英国

时　期：1711—1776

追随者：康德、叔本华、卡尔·波普尔、洛克、贝克莱

生平

休谟是一位有影响力的苏格兰哲学家，也是经验主义和怀疑论的代表人物。由于他在历史、散文、外交和经济学上的贡献，曾经有人称之为有史以来最伟大的英语哲学家。

最棒的点子

休谟之叉。只存在两种真理主张：

1. 观念与观念之间的命题。它们是分析性的，在没有感觉经验参与的情况下可知，诸如“盲人是指眼睛看不见的人”之类的定义。

2. 关于世界之事实的命题。它们是综合性的，需要用经验来验证，比如“盲人不善于捕鸟”。

不幸的是，知识总会钻牛角尖。关于世界之事实的知识是不可信的，因为感觉会欺骗我们。观念看似更可靠，但却无法验证，因为它们依赖于被准确定义。对休谟而言，认识论中的所有争执都可以归结为对这两种区分的误解。

最糟的点子

《人性论》。这本书如今被视为休谟最重要的著作，不过在它首次出版时，并不受大众的欢迎。事实上，这本书的接受度很差，休谟甚至说它“是来自印刷厂的死胎，无声无息，甚至没有激起狂热者的一声抱怨”。所以他写了一篇简易版来（以哲学风格）兜售自己的书，即《人类理解研究》。虽然这个简易版依然很无聊，但却契合了时代精神（如果当初书名叫《因果研究：当这位英国哲学家发明了一套太激进以致被禁的理论，你不会相信发生了什么！》会更畅销）。

逸事

休谟曾公开批评教会。一天，当他外出散步时掉进了沼泽，他发觉自己正在快速下沉，于是大声呼救，想引起一位妇人的注意。妇人问道："你就是那个无神论者休谟吧？"休谟回答："是的。不过，基督教的慈善机构不是要求你对每个人都行善吗？"妇人轻蔑地说道："基督教慈善机构说的话多了，除非你变成一个基督徒，否则我不会帮你。"哲学家担心命丧于此，按照妇人说的做了，他终于获救，还得忍着把妇人推进沼泽的冲动。

名言

"对宇宙来说，人的生命并不比牡蛎重要。"实际上，可能还没有牡蛎重要，因为牡蛎至少吃起来很美味。

"美并非来自事物本身：它只存在于头脑中，人们主观地认为某物是美的；而每个人对美的看法也不尽相同。"这话可能是真的，不过用它来搭讪别人实在是太糟了。

"智慧的人，其信念与证据成正比。"更智慧的人会把证据用混凝土浇筑起来，扔到最近的桥下。

休谟的厕所

① 假发：休谟曾学习法律，但他后来说法律让他觉得恶心。

② 小丑鼻子：据说休谟有取悦观众的完美天赋。

③ 处方药：年轻的时候，休谟太过执着于寻求“真正的真理”，以致一度精神失常。

④ 文凭：休谟天资聪颖，12 岁就读大学了。

⑤ 欧盟会旗：休谟的学说最初在欧洲流行，随后才在英国成名。

⑥ 流行文化中的对应人物：《指环王》中的甘道夫。两个人都威武地四处游走。和甘道夫一样，休谟也极具智慧，在各个行业都有朋友。两个人在各自的领域都具有不可忽视的影响力。受甘道夫影响最多的是霍比特人，而休谟的著作也对他的两个小跟班——卢梭和康德施展了魔法。康德甚至说，正是休谟的学说，让他从“独断论的迷梦”中惊醒。这听起来很糟，不过既然说的是迷梦，应该不会太凄惨吧。

TL；DR

休谟将知识分为两种类型：观念的命题（逻辑上必然为真但缺少事实）和事实的命题（无法验证）。也就是说，对于吃意大利面这件事来说，他的分类法既令人失望，又毫无用处。

第六十五课

奥卡姆剃刀：源自中世纪，让你时刻保持观念的清爽

如你所知，生活是相当复杂的。你该相信什么，什么时候该做最坏的打算，以及为什么最坏的事总是发生在你身上，这些事并不总是那么清楚。幸运的是，哲学总能做你的后盾——特别是中世纪哲学家威廉·奥卡姆和他那把独特的、隐喻式的剃刀。这个原则简单说来就是，如果你在多个假设之间难以抉择，那就选择包含了最少前提的那个。

下页的表格对此做了解释，其中还包括奥卡姆的其他鲜为人知的工具（因为都是我杜撰的）。

TL；DR

奥卡姆剃刀是说，在衡量多种可能性时，始终要选择包含最少前提的那个假设。前提之于假设就像头发之于人一样：物以稀为贵。

工具	使用场景	定义	缺少工具	有工具
奥卡姆剃刀 	你听到阁楼里发出巨大的响声。	如果你在多个假设之间难以抉择，那就选择包含了最少前提的那个。	天哪！阁楼里有一只怪兽，正在敲暖气管！希望它是素食动物。	这只是暖气管发出的声音。
奥卡姆贞操带 	你被指控偷情。	如果你想和不同的人发生关系，事后最好忘了这件事（尤其当你是总统的情况下）。	“对，我差不多和那个女人发生了多次关系，也和雪茄做了一些奇怪的事。”	“我和那个女人没有任何关系。”
奥卡姆防火墙 	一位尼日利亚王子给你发了一封邮件，说要送你几百万美元。	如果这件事听上去好得令人难以置信，那一定是尼日利亚王子干的。	再见了，曾经的我和爸爸的遗产。	报告垃圾邮件。
奥卡姆听诊器 	你需要为某种带有危险性的产品制造需求。	如果你想说些蠢话，最好先穿上白大褂。	“吸烟能让你放松，但危害生命（即便你是一个医生）。”	“比起其他香烟品牌，医生们更喜欢抽骆驼牌。”

第六十六课

穿越偏见的无偏见之旅

不仅仅是害怕阁楼里的怪物会让我们失去理智。下面列举了一些更滑稽、被低估的认知偏见。希望你知道它们的名称后，能更好地注意到它们，也就不会轻易成为它们中任何一个的受害者。

啦啦队效应： 倾向于认为人在一个群体中比孤立的时候更有魅力。他一定很帅——看看他的朋友们。

事后诸葛亮偏见： 倾向于认为已经发生的事当时是可以预料到的。嗯，好吧，我猜单纯从逻辑上讲，彩票中奖者在某个时刻也可能被闪电击中，或者同时在13号星期五的时候被掉下来的钢琴砸到头。毕竟，世界上有那么多人，也有那么多钢琴。

宜家效应： 倾向于对自己亲手完成的事物更有感情，即便你只是把现成的家具组装起来。这个苹果派虽然是速冻的，里边也没有苹果，但它是我亲手烤熟的，真是太好吃了（事后回想起来）！

控制错觉： 倾向于过高估计我们对外部事件的影响力。让我念一段咒语给你，药到病除！

信息偏差： 渴望获得信息，即便是对我们的行动毫无影响的信息。再把这些认知偏见和我说一次！它们太有趣了（而且事后回想起来，这些信息是我亲耳听到的，有了感情，也在我掌控之下）！

售后合理化： 倾向于在购买之后说服自己那是一次好的投资行为。我就知道买这本《厕所里的哲学课》是个好主意。这本书充满智慧和乐趣，作者也非常帅（在一大群人中）。

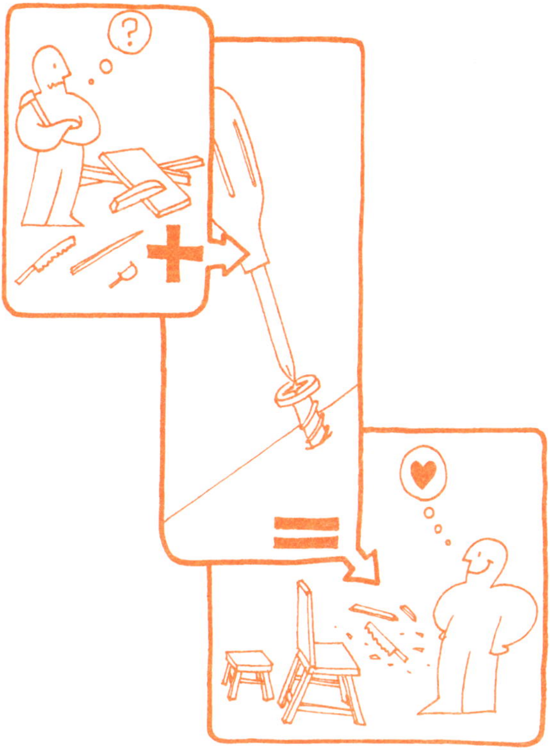

达克效应： 无能的人没有能力知道自己无能，因为在他们有限的知识基础上，无法区分有能力和无能。这种事不可能发生在我身上！我特别善于分析自己的能力！

TL；DR

只要你搜集相关信息，而且不知道自己能力的限度，那事后想想，在一个群体里，你就是有能力和吸引力的，而且一切都在你的掌控之下。

第六十七课

修辞谬误

一个没有参加过辩论的哲学家，就像从未进过竞技场的拳击手，所以你需要深谙修辞和话术的黑暗魔法。最强有力的进攻就是良好的防御，所以当对手犯了修辞谬误，你要有所了解：逻辑漏洞，意义误导和事实混乱。这些是诡辩家经常使用的花招（诡辩家是指热衷于争论，而且认为在论辩中获胜比获得真理更重要的人）。主要的修辞谬误有六种，每一种下面还有多个分支。

诉诸理性

例如命题：德国哲学家是最优秀的。

权威：“超过四百名最优秀的足球运动员都赞同这个观点，而且他们还说‘亚里士多德’是他们最喜欢的希腊餐厅，不过这不重要。”

惯例：“在德国酒馆里，每个人都讨论哲学，所以，德国人当然是最优秀的哲学家。”

金钱：“所有最富有的哲学家都来自德国。”

无知：“我认识的所有德国哲学家，每一个都很棒。”

传统：“德国哲学家是 19 世纪和 20 世纪最具影响力的哲学家，所以他们在 21 世纪也一定是最棒的。”

诉诸情感

例如命题：厕所哲学家是最优秀的哲学家。

恐惧：“不是厕所哲学家的人，不是好哲学家。”

谄媚：“嗯，我觉得像您这么聪明的人，一定知道为什么。”

嘲弄：“相信传统哲学比厕所哲学更好，就像相信圣诞老人和巧克力独角兽一样。”

信念的重要性：“您买了这本书，就说明您不是那种随便浪费钱的人。”

推理错误

例如命题：把我的最后一点钱都花在买魔法豆上，这当然没问题了。

以奇闻异事做证据：“我读过一个虚构的故事，一个男孩把他的最后一点钱都花在买魔法豆上，最后他收获满满，从此过上了快乐的生活。”

巧合谬误：“魔法豆的价格刚好与你剩下的钱数量相当。这肯定是让你买下它的一个信号。”

赌徒谬误：“前五次买的魔法豆都没有效果，所以这次好运一定会降临。”

错误的中立：“你想让我买面包；而我想在一起精心策划的反资本主义示威游行中把钱烧掉。所以买魔法豆是最公平的妥协。”

操控信息

例如命题：你应该把票投给我。

说谎：“我对手的爱好是用棍棒殴打小海豹，直到打死为止。”

转移话题：“谢谢你的问题，这让我想起去年夏天发生的一件事。一只可爱的小狗……”

确认偏误：“网页搜索我的名字，第一页出现的全部是正面评价。”

非此即彼：“要么是我赢，要么是恐怖分子赢，我们可不能冒险。”

有偏见地概括：“基于对我所有朋友的民意调查显示，我是最受欢迎的候选人。”

直接攻击

例如命题：读《厕所里的哲学课》不是浪费时间。

人身攻击："任何批评《厕所里的哲学课》的人，都是煽动仇恨者。"

举证责任："口说无凭，拿出证据。"

起源谬误："好吧，聪明的自由媒体人当然会说哲学毫无用处了。"

连坐："你当然不会想要用《厕所里的哲学课》教育孩子；连恐怖分子都不会。"

偷换概念："说人文科学对经济没有任何贡献，就像在说所有哲学家都应该做瑜伽老师一样。"

随意颠倒因果

例如命题：上级应该为每一个公民发一本《厕所里的哲学课》。

循环论证："教育很重要。《厕所里的哲学课》是一种教育方式。因此，如果你不认为应该人手一本《厕所里的哲学课》，那你就是在反教育。"

积非成是："把税收花在印八千万本书上是错误的，但花在武器研究上更是错误。所以，两害相权取其轻。"

无视巧合："自从《厕所里的哲学课》出版之后，经济稳步增长，所以，越多的人读到这本书，经济前景将会越好。"

肯定后件谬误："阅读哲学书会让人们使用更多的词语，所以很明显，你肯定读过许多哲学书。"

TL；DR

每个人都在歪曲所有事物，而且永远如此。认识到这一点让人松了一口气，也令人恐慌。辩论就像踢足球，除非裁判吹哨，否则就不算犯规。

第六十八课

康德小档案

影响力：★★★★★★★★★★

国　籍：德国

时　期：1724—1804

追随者：差不多所有人。康德是如此著名，以至于有个思想流派都以他的名字命名：康德主义

生平

康德搞笑的名字（至少对讲英语的人来说）和他另类的个人生活习惯在某种程度上掩盖了他的学术成就（比如他几乎单枪匹马地终结了理性主义和经验主义之争）。他最感兴趣的是形而上学问题：上帝是否存在？何为存在？人是自由的吗？我们能认识不可见或无法证明的事物吗？

最棒的点子

哥白尼式的革命。这个术语原本用来描述天体系统理论从地心说到日心说的范式转变。但康德也用它来比喻自己全新的哲学研究方法。在传统上，哲学家将外部世界及其客体放在探索的核心。康德的革命性理念是掉转这种研究方式，不追问世界及其客体是如何构成的，相反，他关注的是，我们在何种条件下才能了解世界，因此，他将主体放在了研究的中心。

最糟的点子

康德把卧室弄得尽可能密不透风，并奉此为圭臬。他相信臭虫是新鲜空气和照进卧室的光线结合产生的，这是一个愚蠢的想法，而且会适得其反。臭虫的大量滋生也可能是他的仆人疏忽造成的，毕竟仆人兰铂与酗酒斗争多年。

逸事

康德是有史以来最古怪的人，关于他的奇闻异事一大堆。如果你看过美国电影《土拨鼠之日》，就会知道康德是怎样一个人。他的生活每一天都精确规划好——每天早晨五点他的仆人大喊一声“时间到！”康德的一天就开始了。他每天只吃一顿饭，就是从一点钟精确持续到四点钟，三小时的午饭。这顿饭至少有两个客人，但从未超过五个。之后，康德会在家乡柯尼斯堡的同一条街道上散步，每次八个来回，风雨无阻。在整个成年后的生活中，康德只错过或推迟了为数不多的几次散步。据说，每当这种情况发生时，柯尼斯堡的居民都会调整他们的时钟，因为他们以为自己的时钟出错了，而不是康德的生活日程。

名言

“Sapere aude！要敢于运用自己的理性！”如果你喝醉了给前任发短信，你也要敢于无视它。

“谎言会使人丢掉作为人的尊严。”撒谎被抓现行，是他作为一个无赖的尊严。

“思想无内容为空；直观无概念为盲。”闭着眼睛依靠直觉可是其乐无穷，而且永远不会让你失望。

康德的厕所

① 银河系海报：他的第一部著作是关于宇宙星云的假说，广受好评。

② 笛卡尔和休谟写的书：笛卡尔和休谟互相对立的理论在康德那里得到了调和。

③ 最佳教师奖状：康德在学生中非常受欢迎。

④ 居家垫子：他从不旅行。

⑤ 凳子：康德很矮。

⑥ 流行文化中的对应人物：超人。和超人一样，康德强烈地被自己的责任感引领着。和康德一样，超人也是从抚育他的小镇中获得了这份责任感，他在内心深处是一个本地男孩，从未离开过家乡。责任束缚了超人；过度理性束缚了康德。超人和康德的能力都是如此巨大，以至于在别人眼中他们是那么深不可测。哲学分为不同的时代——“古希腊”“罗马”等。唯一自己就能作为一个时代的思想家的就是康德。所有崭露头角的厕所哲学家都可以在对话中不时抛出“后康德”或“前康德”来展示自己的技艺。

TL；DR

康德是一位古怪的普鲁士哲学家，他的影响力如此之大，以至于整个思想流派都以他为名。康德的革命性观念是将主体，而非世界放在了哲学探索的中心。可能你会遇到少数人做得太过火，认为自己是整个世界的核心主体。从某种意义上说，他们是康德式的。

第六十九课

康德的先天综合知识
——一个超复杂问题

我们如何获得知识？通过经验还是通过对真理的理解？康德的突破性洞见就是要重新阐释以上问题，以这种方式，理性主义和经验主义不再是互相排斥的理论，而是同一枚硬币的两面。为了理解康德对这一独创性问题的颠转，我们需要先讨论分析与综合知识和先天与后天知识的区别。不幸的是，这个话题没有易于接受的解释方式。这是哲学中最难的问题之一。理解了它，你在全日制哲学生中间都会是佼佼者。

从根本上说，有两种基本的知识类型：一、先天知识 = 不需经验证实的命题，比如“7×7=49”或“所有单身汉都未婚”。一个单身汉并不依赖于各种其他单身汉；关于他的知识已经包含在其定义当中（也就是说，只有未婚才会被称为单身汉）。二、后天知识 = 只能经由经验去验证的命题。例如：“英国经常下雨”或“旧金山的房租实在是太高了”。

目前为止还明白吗？很好。其实这只是最初论证的一种变形而已，即经验和推理哪个对知识来说更重要？

随后，康德为知识做出了另一种区分，将它再度分割为分析命题和综合命题：一、分析命题 = 该命题所要解释的概念已经包含在主词当中，例如“所有三角形都有三条边”。“三角形”中已经包含了“边”和“三”的概念。分析的陈述指向内部，朝向自身。二、综合命题 = 命题所指涉的内容不包含在自身当中，例如“一切有心脏的生物同样也有肾脏”。这个命题并非指涉自身，而是指向外部世界的某些事物（因为心脏的概念不包含肾脏）。

把这些划分结合起来，就可能得到四种知识混合体，形成一个知识模型。这四种情况包含了所有可能的知识类型，它们是将指称（分析的还是综合的）与证明（先天的还是后天的）的区分混合得来的。

命　题	先天（不需经验验证）	后天（需要经验验证）
分析命题（内向；谓词包含主词）	先天分析知识＝所有单身汉都未婚。因为我们定义了这些知识，所以知道它们。简单又无聊。可以把这个区域想象成所有定义生活的地方。理性主义者强调，此类知识是真正的知识类型。	后天分析知识＝无。不存在此类知识，因为这在逻辑上是矛盾的。经验无法验证某个已经经由定义而为真的东西。
综合命题（外向；谓词不包含主词）	先天综合知识＝一切形而上学问题。所有魔法都发生在这个领域。关于宇宙和我们存在的最根本和最有趣的问题，都在这个范畴当中。与此相关的问题通常被认为是形而上学问题：自然的法则是什么？上帝是否存在？因果关系真实存在还是错觉？等等。	后天综合知识＝雨水是湿的。面包掉在地上时，总是黄油那一面朝下。后天综合知识是指不是自我指涉，而必须经由经验验证的知识。简单又无聊。基本上，我们认为不是出自定义的知识都属于此类。经验主义者认为，后天综合知识是首要的。

为什么先天综合知识问题如此重要呢？一、它们增进了我们的理解。作为先天综合知识，它们指涉的不是已经概念式地包含在问题中的东西，从而拓展了我们对于世界的理解。二、它们是必然和普遍为真的（因为先天为真的东西不能被经验篡改）。

还有什么比既能拓展我们的理解，又永远不会被证伪的知识更好？康德表明，一切形而上学的判断必然是先天综合判断；否则，它要么未提供任何信息，要么无法确证。通过揭露出知识更深层次的结构，统合理性主义和经验主义成为康德《纯粹理性批判》一书的重要成就。

TL；DR

康德说形而上学问题是最有趣的问题：这些问题是关于我们无法依靠直观获得，也不能被经验证实的事物，所以，它们是先天综合的。如果当你引用这句话的时候，对方明白你在说什么，那千万不要和他/她争论。

第九章

道德与乌托邦

第七十课

电车难题

你是蝙蝠侠。

祝贺你！但是，不要因为有东西在响，而使正在测试飞行斗篷的你晕头转向。没错，是蝙蝠手机。警察局长戈登来电，他告诉你尽快赶到哥谭市警察局——小丑在那里，而且劫持了人质。

天哪，蝙蝠侠！冲向蝙蝠车！

当你到达哥谭车站时，发现小丑正驾驶一辆火车高速驶离哥谭中央车站，火车向五名铁路工人飞奔而去，他们被绑在了铁轨上。初看之下，你想不出办法救他们。但你随后注意到附近有一个开关——如果你按动开关，火车就会转到辅助轨道上，一名铁路工人正在那条轨道上工作，按动开关显然会将他置于危险之中，使他立即丧命。没有其他办法能让火车停下。你要么什么都不做，五个人会死，要么按动开关，铁路工人会死。

你会怎么做，蝙蝠侠？按动开关？

你以前可能以这样或那样的方式遇到过类似问题，这个问题叫作电车难题。把这个难题放到大家面前，有近95%的人都会选择按动开关。现在，让我们把难题设置得更难点。开关失灵了。但是，一个很胖的人正站在桥上。如果你愿意，可以把他推到铁轨上。这样五个人质和一个铁路工人都会获救，但这个胖子会死。

你会推他下去吗？如果不会，为什么？是推人这个举动让这个决定更糟糕了吗？

对大多数人来说，的确如此。这是谋杀，不是吗？和按动开关这种间接谋杀是不一样的。那么，让我们重新回到最开始的问题。五个

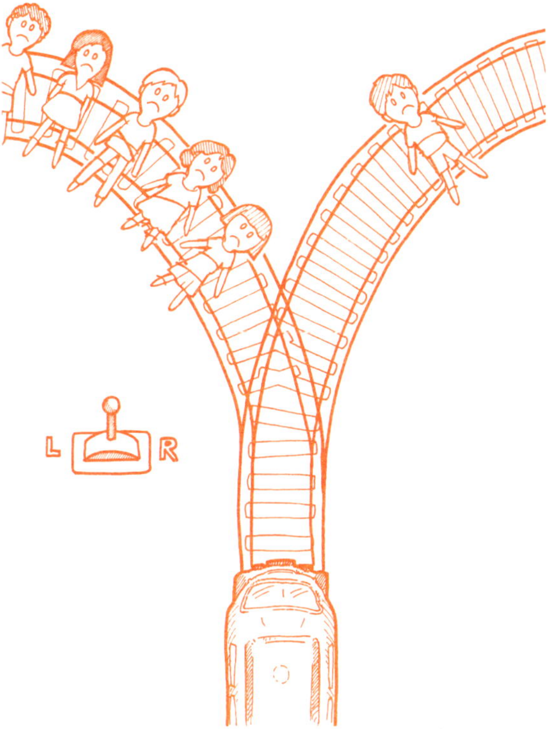

人质被绑在铁轨上，铁路工人在另一条铁轨，你有一个开关。但这五个人每个都至少有 80 岁了，另一侧铁轨上的人，只有 15 岁。

这时你会按动开关，让火车转向吗？

欢迎乘坐伦理学失控火车。伦理学正是尝试教我们如何行动，或者说，如何把我们无法做出的行为道德化的哲学分支学科。

TL；DR

道德是复杂的。情境中的微弱变化都会迅速改变你对正确和错误的感知。做蝙蝠侠很难；能量越大，电费越高。

第七十一课

从电车难题看各种道德观

电车难题就像哲学中的许多问题一样，在未直接给出绝对答案的情况下，把有趣的问题抛给我们。如果你需要帮助，下面提供了若干宏大的“主义”和一些国家在面对电车难题时会采取的做法。

享乐主义：开火车太好玩了。等等，问题是什么来着？

冷血：我压根不在乎。

现代版冷血：撞车的时候我可能会拍些照片发到社交网络上。

悲观主义：如果我按动按钮，可能会把按钮弄坏，事情会变得更糟，到时候我们都得死！天哪，不敢想了！

女权主义：开火车的是谁？小丑？男的吧？看吧，不出我所料。

沙文主义：是，不过是女人逼他做的。

美国铁路公司：别担心，如果火车本该现在正点到达，那它一小时之内是不会出现的。

资本主义：这辆火车太大了，不能撞车。政府必须伸出援手。

心理变态：为什么问我？开火车的就是我呀。嘟嘟嘟嘟！

TL；DR

你不需要透过不同的“主义”来理解电车难题就能意识到，无论开关是否存在，你都不想躺在一条迎面有车驶来的火车轨道上。人没有思路，总比火车没有铁路要好。

第七十二课

功利主义（饼干）怪兽

哲学家所说的功利主义立场包括：当有所疑虑时，践行会对更多人有利的事情。但是，功利主义真的是一剂良药吗？

脱下你的蝙蝠侠斗篷，换上白大褂，现在你是一名和蔼、友好的医生。在你面前有五个奄奄一息的病人今天急需器官移植手术，否则会死掉。现在没有可供移植的器官。但是在隔壁房间，一个年轻、健康的男士刚刚做完扁桃体切除手术。他现在还处于麻醉昏迷中，你可以把他的器官移植给生命垂危的五个人，救他们的命。一条命换五条命。就像电车难题一样。

这次你会怎么做？

在电车难题中，你很可能会动摇，但现在，你会对割取器官这样的想法感到惊骇。然而，除了你必须在“一个人的死亡”中扮演更积极的角色之外，还有任何不同吗？功利主义在恳请你杀死那个人吗？记得我们一开始那道简单的数学题吗？这样看来，功利主义似乎是个不错的解决方案啊。为什么现在失控了？

把白大褂换成精心裁剪的西装和领带。现在，你是一个全新的国度——功利合众国的总统，你把这个国家划分成十个联邦州。相应地，按照这十个联邦州把全国的资源和财富平均分为十等份，在每个州人口数量的基础上还做了细微的调整。目前为止做得不错，元首大人。

五年之后，十个州的州长来找你重新协商当初国家分配给各州的税收收入数量。令人惊讶的是，你发现虽然五年前每个州得到的财富是平均的，但各自的情况却大不相同。其中九个州还可以，但另一个州功利福尼亚比其他州表现都好。功利福尼亚州经济繁荣，发展水平比另外九个州加在一起还要高。当初你每给的一块钱，如今都有两块五的税收回报。其他州能有一块一的回报就不错了；有的州甚至处于亏损中。因此，功利福尼亚州州长说，她的州应该得到比其他州更多的投资。

她说得对吗？你会给她吗？

从长远来看，这样做会为全国创造更多的税收收入，让大多数人获益。但是，为功利福尼亚州分配更多的资源，不会导致它和其他州的差距越来越大吗？按照同样的逻辑，在五年之后，他们会以此作为索要更多资源的筹码。如果你仍然坚持功利主义的原则，那么，其他落后的州就永远没有机会追赶上来。不经意间，你就会创造出美国哲学家罗伯特·诺齐克所说的“效用的魔鬼”。

功利主义听起来不错，而且它常常会和平均主义（即完全平均地对待每个人和每件事）混淆在一起。可是，功利主义只看重数量——而不是因果，不是正义，不是平等，也不是自由。数量应当永远优先于质量吗？我们又该怎样把质量、幸福，甚至功利本身量化？

TL；DR

功利主义听上去合乎逻辑，但很容易和数量挂钩，从而让你忘记去考虑质量。此外，许多质量是无法量化的。量化收入很容易，但量化满足感却很难（如果你的邻居收入比你更高，你就根本无法获得满足感）。

第七十三课

伦理学的路径

如果你正在邮局一边排队，一边读着英国作家威廉·戈尔丁的反乌托邦小说《蝇王》，或者看过任何表现荒岛求生的真人秀，就会知道文明的外壳有多么脆弱。一旦有人在上班路上被耽搁，或者遇到数额足够大的金钱诱惑，又或者正遭遇极度饥饿，所有的想法都会消失。“任何社会离革命也不过只有三顿饭的距离。”苏联革命家列夫·托洛茨基曾明智地指出。

哲学家将我们遏制野蛮行为的努力划分成两种规范伦理。

1. 义务论。强调规则，而非结果。

由于我们的行为所产生的许多结果都不在自己掌控之下，又如何知道自己是否在合乎伦理地生活呢？义务论巧妙地解决了这一问题，它指出，判断的标准是我们是否遵守了事先设定的规则——无论是十诫、黄金法则还是童子军纪律——而无须考虑行为的后果。

支持：简单、清晰、不含混。把责任巧妙外包出去。

反对：不够灵活。当缺少明确的规则时，就不清楚该怎么做了。《圣经》明确规定了晚餐应该吃什么和不应该吃什么，但对于在用餐期间玩手机是否合适却只字未提。

2. 结果主义。强调结果，而非规则。

结果主义说，一个行为的好坏取决于它所产生的结果。其追随者认为，盲目遵循规则是有史以来各种最严重暴行的根源。因此，我们必须审视自己行为的结果，并以此为基础判断其伦理性。

支持：灵活，不需要学习各种规则。鼓励自我反思和责任。

反对：对结果的解读具有开放性。所谓结果是对谁而言的呢？对你？你的家庭？你的国家？还是对屎壳郎？即使在很短的时间段内，我们也无法预测结果。不信问问那些在外面整晚狂欢，早上醒来发现自己抱着马桶的人。

TL；DR

伦理学主要有两种路径：义务论（遵循规则）和结果主义（痴迷于结果）。可悲的是，伦理道德几乎总是妨碍你陷入痴迷。

第七十四课

马克思小档案

影响力：★★★★★★★★★☆

国　籍：德国

时　期：1818—1883

马克思的厕所

① 博爱标识：在求学期间，马克思交友广泛。

② 一期《新莱茵报》：马克思和恩格斯创办的报纸。

③ 非马克思主义者标识。

④ 股票：由于马克思做记者收入微薄，做哲学家时收入更少，所以他曾做过一段时间股票交易员。

⑤ 日历：马克思提交《资本论》手稿时，足足比约定时间晚了六年。

⑥ 流行文化中的对应人物：切·格瓦拉。

TL；DR

卡尔·马克思是德国哲学家，他因为将社会分为两个对立的阵营——资产阶级和无产阶级的思想而闻名。

第七十五课

反乌托邦 = 乌托邦 + 时间

历史证明，如果有一样东西令我们感到恐惧，那就是被设计成道德上公正的体系。只要有足够的时间，上一代人想象的任何乌托邦最后听起来都像是反乌托邦的噩梦。下面列举了一些经典的乌托邦和反乌托邦社会类型。试着根据描述猜一猜它们是乌托邦（U）还是反乌托邦（D）。答案在最后。

TL；DR

只要时间充足，每一个刚开始看上去像是迪士尼乐园的乌托邦，最后都会变成迪士尼鬼屋。乌托邦和反乌托邦之间唯一的区别就是它们经历时间的长短。这既是对人性进步的礼赞，也是对人类想象力的折辱。

答案：1：U；2：U；3：U；4：D；5：U；6：U；7：D；8：D

名称	概要	年份
1. 柏拉图的《理想国》	整个社会人口固定在5040个人。女人和儿童被视为男人的财产。	公元前380年
2. 托马斯·莫尔的《乌托邦》	在一座岛上有6000户居民。没有私有财产，每个家庭都有奴隶。这是一个福利国家，允许安乐死。	1516年
3. 哈德森的《水晶时代》	人类为了淳朴的田园生活放弃了科技，他们唯一还在使用的机械是一个制造背景音乐的高脚杯。每个家族只有女王和雄性领袖才有资格找伴侣。	1887年
4. 安娜·多德的《未来共和国》	人类居住在一模一样的房子里，男人和女人穿着也类似。人们每天只工作两小时，但禁止旅行，法律强制每个人都要严格保持平庸，任何具有超过常人天赋的人都会被驱逐。	1887年
5. E. M. 福斯特的《大机器停止》	人类居住在地下的分散小房间里，他们的所有需求都由一台大机器提供，人们只需要像神一样敬拜它就好了。	1909年
6. 夏绿蒂·吉尔曼的《她乡》	整个社会完全由女性组成，她们已经在没有男性的情况下生活了两千多年，如今可以依靠无性繁殖进行繁衍，只有最具德行的女人才有资格生育。	1915年
7. 赫胥黎的《美丽新世界》	公元2540年，人类定期狂欢，在一种特殊的抗抑郁药物影响下，他们在睡眠中就能学习。下层阶级被人为地操控，从而在智商和好奇心上都低于上层阶级。	1932年
8. 威廉·诺兰的《逃离地下天堂》	人类居住在一个被穹顶覆盖的世界里，年轻人可以在21岁生日之前尽情纵欲玩乐，但之后将会被直接处死。	1976年

第七十六课

黑格尔的历史观：把历史纳入历史进程中

一个概念最终走向了它的反面，这种事不仅发生在乌托邦理念上。这一现象背后蕴含的哲学思想被称为辩证法。它发端于古希腊，原来指的是，当人们一起交流不同的观点时，经过讨论，达到互相理解，并超越了最初的信念分歧的对话过程。在理想的情况下，辩证法运作方式如下：

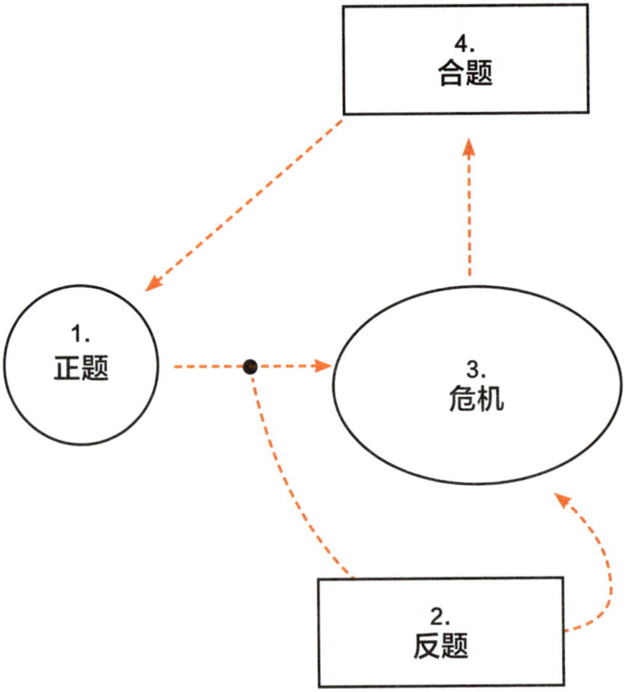

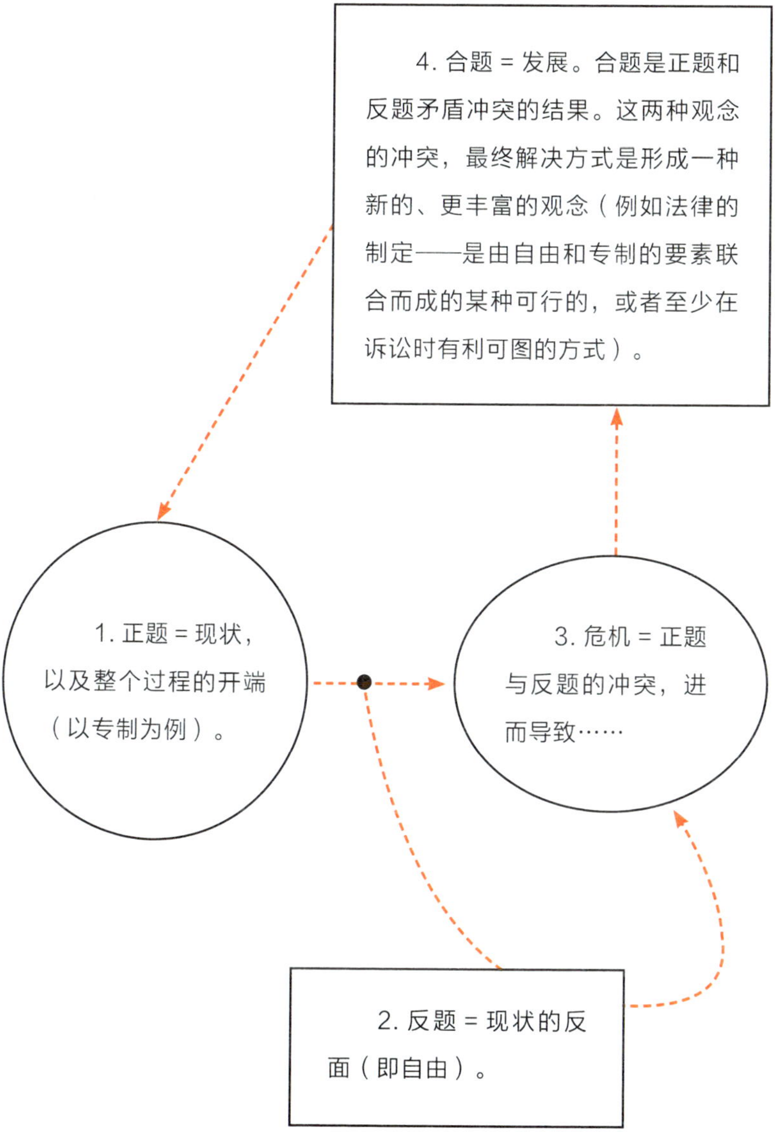
4. 合题 = 发展。合题是正题和反题矛盾冲突的结果。这两种观念的冲突，最终解决方式是形成一种新的、更丰富的观念（例如法律的制定——是由自由和专制的要素联合而成的某种可行的，或者至少在诉讼时有利可图的方式）。
1. 正题 = 现状，以及整个过程的开端（以专制为例）。
3. 危机 = 正题与反题的冲突，进而导致……
2. 反题 = 现状的反面（即自由）。

尽管这是一种古老的方法，但18世纪的德国哲学家黑格尔却是最常与辩证法联系在一起的人。黑格尔试图在著作中表明，历史是以辩证运动的形式发展的。历史如何辩证运动呢？每个概念或正题自身就携带着它的反题。例如，虽然权力代表了服从，但它的反面则定义了反抗。以这种方式，权力在其自身中就已经包含了它的反题。服从与反抗之间的危机可能会导向超越权力的合题，即独立。想想孩子和父母之间关系的动态变化。从服从到反抗，再到一个独立的成年人，此时他/她既不需要再跟随父母，也不再和父母争执（不过有人手头紧的时候，还是会给父母打电话）。

对黑格尔来说，历史是不同概念冲突和融合为更进步概念的连续循环过程的具体化。正因为如此，黑格尔认为，历史是在发展的。每当我们经历一次正题/反题/合题的循环，一个更进步的概念便会出现。发展最后会在某个点终止，从而到达一个完美、绝对的理念，在这个理念中不再包含需要被克服的矛盾。此时，现状将不再有对立面（毕竟，经历过的人已经有了很棒的纪念册），不再有危机，也没有合题。最后，历史会在这一点终结；对历史学家来说，这是个坏消息。

辩证法或许是对卡尔·马克思影响最大的观念。马克思认为，辩证的历史发展过程的基础，并不是黑格尔说的抽象理念，而是统治者和被统治者之间持续的冲突，也就是所谓的阶级斗争。他们都认为历史最后会终结，黑格尔所言的完满的绝对理念是抽象的，而马克思说的终点是共产主义，在共产主义社会中，阶级斗争和辩证的发展都不复存在了。辩证的发展过程可能结果并不像黑格尔想的那么好，似乎世界在很大程度上更接近于：1. 正题；2. 反题；3. 酒吧闹事；4. 医院。

TL；DR

黑格尔认为，历史本身是一个辩证发展的过程，每种理念（正题）在其自身中就包含了它的对立面（反题）。社会通过这两种对立面的冲突（危机）而运行，从而创造出一种新的理念（合题），随后，合题又成为下一个正题要去超越的东西。人类仍然在焦急地等待着帮助我们克服周末时光将要耗尽的合题出现。

第七十七课

哲学家留给人类的遗产

长久以来，人们总说死亡面前人人平等。虽然这话或许是真的，但我们死后的遗产却未必平等。死后我们会失去自己的遗产（和内脏）。正如随着时间的流逝，乌托邦会变成反乌托邦，大众对一个人的认知也会改变。有些人很幸运，去世后声名大振，而另一些人则在死后蒙羞。

TL；DR

人在死后就无法控制别人对自己的看法。不过，既然已经死了，也就不必在乎这些。如果不想别人发现你衣柜里的白骨，最好赶紧把它埋在院子里。哈哈，开个玩笑。

死后声名大振	去世前	身后遗产
孔子	不得志。	两千年以来，他的话影响深远。
锡诺普的第欧根尼	生活在一个木桶里，公开手淫。	因为生活在木桶里和公开手淫被大众耻笑，但还是被放在这个表格里了！
凡·高	只剩下一只耳朵的疯癫画家，生前只卖出过一幅作品。	深受爱戴和极具影响力的单耳疯癫画家。有自己的博物馆，而且打破了艺术品拍卖纪录。
艾伦·图灵	因为自己是同性恋被判“猥亵罪”，最终导致他自杀。	他几乎凭一己之力破解了恩尼格玛密码，缩短了第二次世界大战的进程，受到褒奖，被视为民族英雄。
戴安娜王妃	优柔寡断专家、剪彩达人、滑稽帽子代言人。	国民王妃。

死后臭名昭著	去世前	身后遗产
尼采	全才，全人类解放者。	在第一次和第二次世界大战期间，其哲学被第三帝国利用，成为法西斯的外衣。其他详见本书第八十课。
切·格瓦拉	反资本主义先锋。	他的脸成为资本主义用来贩卖革命者T恤的素材。
斯大林	被许多人视为铁腕统治者。	他发动的“大清洗”运动逐渐被人们重视。

第十章

虚无主义与崇拜

第七十八课

自鸣得意的超市采购

想象自己又来到了超市里。你一边在货架中间穿梭，一边竭尽所能地去回避那些不健康食品的诱惑，比如焦糖甜甜圈、醉人的酒精和美味肥腻的芝士。你为自己的审慎感到骄傲，最后你来到收银台，拿出小篮子：莴苣（本地果蔬）、番茄（有机产品）、鳄梨（互惠贸易产品）、面包（全麦）、酸奶（来自散养的快乐奶牛），最后，你还给了自己一点小奖励，一罐无糖可乐。低头看看这些东西，你为自己的自我克制感到自豪。你在向所有人展示，自己是一个多么高尚的购物者和自我节制的典范。

随后，在你身后，一个衣衫不整的家伙穿着皮夹克来到收银台前，开始把篮子里的东西拿出来。你低头一看：薯片（便宜的）、五瓶啤酒（最烈的）、巧克力豆（超大包家庭装），最后，他也奖励了一下自己，一大瓶两升装野格力娇酒。“不好意思。”说着他侧着身子越过你按动了购买香烟的按钮。整整五包！

你认为自己此刻会做何感想？或许颇为扬扬得意，对吗？因为你的健康选择，咀嚼着有机生菜叶子，或许寿命会比他更长。但原始人也只吃有机蔬菜，不是吗？他们没有其他东西可吃。狩猎猛犸象和躲避剑齿虎一定是比你在健身房不定期、三心二意的（或者更确切地说，你想要去做的）有氧运动有效得多。原始社会没有污染，也没有人发明朝九晚五工作日这种事。但是，我们的远古祖先很少有人能活过30岁。

虽然穿皮夹克的男子消费着可疑的商品，或许会牙齿稀疏，早早去世，但他的生活可能有趣得多。让我们面对现实吧，如果生菜能吃东西，它们也会想吃薯片和巧克力。

通过放弃这些东西，我们能真正换回多少寿命？放弃到什么程度，这样做又不值得了呢？

或许，借用美国作家亨特·汤普森的话来说：“生活不应该是一段带着完好的身体，意图安全抵达坟墓的旅程，而是迎着迷雾前行，彻底用光、完全耗尽，然后大喊：‘哇！多好的一段旅程。’”

我们都敢担保，如果自己尊重生命，延迟满足，就会长寿。但如果你知道下周自己百分之百会被一架掉下来的钢琴砸死，那你购物车里选的东西还会和今天的一样吗？我们都把赌注押在了未知的明天上——只是我们中的一些人在这样做的时候，还在嘲笑大口吃 Ben and Jerry 巧克力曲奇冰激凌的人。

TL；DR

牺牲当下的生活，寄希望于某个不确定的未来，这样的方式有很多。如果你想买野格力娇酒和美味芝士，现在就买。有没有明天还不一定呢。

用帕斯卡赌注赢大奖

现在让我们来看一下与延迟满足有关的终极赌注。在 17 世纪，法国数学家和哲学家布莱士·帕斯卡用理性和实证的眼光来讨论我们是否应该相信上帝的问题。他的逻辑如下：

帕斯卡得出结论，由于赞成信仰的人（有通往天堂和逃避地狱烈火的门票）要远远多过反对信仰的人（不认为自己有罪、要忌口、要参加无聊的宗教活动以及戴滑稽的帽子），你需要面对现实，乖乖信教，或者至少，假装自己相信。

你觉得呢？以此为赌注以及假装有信仰，对你来说有意义吗？

如今，我们这些已经被启蒙的现代人，或许会嘲笑帕斯卡赌注的简单性。因为，即便来生确实存在，在他的设想中也存在着几个明显的漏洞。

A）“假装直到成真。”上帝有足够的智慧创造生命，包括你，也就有足够的报复能力把你驱逐到永恒的地狱之火当中，所以，你认为上帝察觉不到你试图用逃离地狱的信仰卡蒙骗他吗？嗯。帕斯卡认识到了这一点，但他觉得上帝会（就像你那次尝试为心爱的人做蛋奶酥，但却不小心烧毁了一半的厨房）欣赏你的努力。他说：“上帝只关注内在。”

B）唯一真神？无论我们称呼上帝为克利须那、飞行面条怪物，还是游戏角色 G-man，或许都没什么不同。最终，他们可能都合而为一。而且，还有可能你终其一生守护一个神明出现，死后却来了十个。你怎么知道自己崇拜的那个是正确的？

C）你无法信仰自己根本不相信的东西。帕斯卡说“假装直到成真”，这个主意说起来容易，做起来难。信仰就像做家务：你越是告诉自己必须去做，就越怨恨这种努力和义务。这可不是发展现实的、真正的信仰的基础。

D）上帝在乎吗？大多数主要宗教都把上帝描绘成一个留着大胡子、无所不能的形象，他会因为一丁点着装规范上的道德瑕疵把你踢出门。但是，如果大胡子老上帝根本不在乎你是否崇拜他呢？有什么证据证明他在乎吗？如果我们有证据，现在就完全不需要帕斯卡赌注了，不是吗？

E）信仰的代价真的那么小吗？这取决于你加入的是哪家“逃离地狱俱乐部”，你失去的可能会是培根三明治、婚前性行为或者在安息日打开冰箱的体验。即便你成功获得了信仰（好样的），那也改变了自己。你成了另一个人，而且，或许成了一个无欲无求，或者至少对此生已经毫无执念的人。

TL；DR

哲学家和数学家布莱士·帕斯卡曾做过一个著名的赌注，是关于有限的尘世满足和无限永恒的地狱责罚。他的结论是，我们最好相信上帝，因为即使错了也要比不信上帝，死后在地狱中度过强得多。虽然这意味着，这辈子你要戴着滑稽的帽子，星期天还要起大早。当然，这只是帕斯卡的结论。

第七十九课

关于上帝（以及独角兽）是否存在的争论

关于至高神明存在的问题历来有许多争论。但不是所有说法都有说服力，如果你觉得自己特别喜欢争论（我们喜欢），甚至能用这些理论尝试“证明”（或反证）像独角兽之类酷炫生物的存在。让我们试试：

TL；DR

如果你相信上帝存在，很大程度上，你不得不相信独角兽的存在。

论证方法	上帝 	独角兽 
本体论论证	1. 在所有可想象的存在中，没有什么比上帝更伟大。 2. 上帝这个最伟大的存在不可能只存在于想象中，必然也存在于现实中，否则上帝就不是最伟大的存在了。 3. 因此，上帝存在于现实中。	1. 在所有可想象的动物中，没有比独角兽更伟大的。 2. 因为独角兽最伟大，所以它不可能只存在于想象中。 3. 因此，独角兽必然存在于现实中。
神创论论证	生命体是如此精密复杂，所以它们一定是由更高级的智慧设计而成的。	如果神有足够的智慧设计出生命体这么复杂的东西，那会蠢到不设计独角兽吗？不会！
《圣经》论证	《圣经》中的某些部分已经被证明为真。如果上帝不存在，《圣经》也就没有意义，因此，上帝存在。	《圣经》中多次提到独角兽，例如《以赛亚书》34:7 中说“独角兽将与它们（公牛和牛犊）一起降临”[1]，所以，独角兽存在。
证言法论证	我知道上帝存在，因为我们感觉到上帝在场。	我知道独角兽存在，因为我经常在电视上看到它们。
逆向思维论证	你不能证明上帝不存在。	你不能证明独角兽不存在。
胁迫论证	如果你不相信上帝，会下地狱。	如果你不相信独角兽，会下独角兽地狱（独角兽地狱也同样炙热，不过有更多的彩虹和草莓亮片）。

1 And the unicorns shall come down with them, and the bullocks with the bulls. ——钦定版《圣经 · 以赛亚书》34:7

第八十课

尼采小档案

影响力： ★★★★★★★☆☆☆

国　籍： 德国

时　期： 1844—1900

追随者： 他那个嫁给了著名纳粹的妹妹。在尼采去世后，他的妹妹为了鼓吹自己和丈夫的纳粹思想，完全错误地解读了尼采的著作，甚至篡改了某些段落

生平

尼采经常被视为“伟大的破坏者”；他相信哲学要用锤子来教授，而不是笔杆子。他鼓励人们用锤子砸碎所有的偶像。在他眼中，偶像崇拜，以及认为某些东西在我们之上、比我们更好的想法是令人厌恶的。他相信，正是相反的情形能够让我们自由：认同没有任何事物能超越我们，我们无须崇拜任何人、任何事物或任何思想。

最棒的点子

重估一切价值，即“上帝死了（上帝已死，而且是我们杀死的）”。尼采认为，我们要摧毁真理以揭示隐藏在真理背后的习俗和传统。尼采相信，真理其实是必要的谎言，我们不断用它们劝告自己，以便让自己感觉更好一些，并将世界和它的（常常是不公平的）社会结构合法化。在我们抛弃了宗教、科学和其他一切意义结构之后还剩下什么？没有了虚假偶像之后，我们要如何生活？对尼采而言，这样的世界并不可怕，而是美好的，是对生命的终极肯定，在这样的世界中，我们可以自由接受人本身作为唯一的意义创造者的角色。

最糟的点子

比读者更聪明。今天，尼采被视为哲学界最大的厌恶女性者，他曾说：“你要去女人那里吗？别忘了带上鞭子！”不过，他说这句话针对的是英国女权主义者玛莉·渥斯顿克雷福特，作为一位女性权利活动家，她认为人人生而平等，但社会剥夺了人的权利，让女性像牛一样缺少教育。所以她说，给新郎最合适的结婚礼物就是鞭子。尼采在提到这位从未得到应得的关注的伟大哲学家时，无意中巩固了他厌恶女性的名声。

逸事

在读书时，尼采和一个朋友醉酒被抓到。他对这件事感到极为羞愧，给母亲写了一封冗长、心痛的信，他在信中说，如果母亲因此不再和他讲话，他也能理解，酒精会让我们退回到已经克服了的粗野文化水平。后来他又意识到自己这样说不对，进而提出了相反的观点："艺术要存在，任何形式的审美活动要存在，一个确定的生理前提是必不可少的：喝醉。"所以下次喝醉的时候，就告诉同伴你正在创造艺术，你对艺术的英勇献身极为高贵！嗝，干杯！

名言

"没有音乐，生命是无意义的。"尼采在没有五分钱乐队和贾斯汀·比伯的时代说出这句话当然轻松了。

"没有消灭我们的东西，会让我们更强大。"他似乎忘了精神创伤和大脑损伤。

"在个体中，疯狂是罕见的。但在团体、政党、国家乃至在时代中，疯狂却司空见惯。"这句话显然是对参加单身汉派对的人说的。

尼采的厕所

① “上帝死了”贴纸：尼采最著名的话。

② 音乐家理查德·瓦格纳标靶：瓦格纳最初是他的朋友，后来成了死敌。

③ 小马驹：在尼采精神彻底崩溃之前，他抱住了一匹正在遭受鞭打的小马。

④ 药：尼采是深受重度偏头痛之苦的病人，一生都在遭受病痛折磨（或许与他感染梅毒有关）。

⑤ 学位证书：尼采是语言学天才（精通古希腊语和拉丁语），24岁就被任命为语言学教授。但是，他的学术著作在生前从未被认可。

⑥ 烧杯：有一次他决定放弃哲学，想去学化学。如果成真了，“没有消灭我们的东西，会让我们更强大”这句名言就会变成“没有起反应的东西，需要再加热更长时间”。

⑦ 流行文化中的对应人物：雷神索尔。尼采以大破坏家的形象著称，曾说过做哲学最好的方式是用锤子这句著名的话。与北欧雷神不同，尼采的形象是羸弱的，并没有太大的身体威胁。但是，如果被激怒，他会释放出自己的超人军队（更多内容参见第八十四课），命令他们愉快地将社会传统和信仰摧毁。

TL；DR

尼采是一位大胡子德国哲学家，他认为生活毫无意义，接受了这一点，并创造属于我们自己的意义，不但是美好的，而且会让我们离成为一个超人（不是德语中说的出租车司机哦）越来越近。

第八十一课

无意义先生的浮浮沉沉

《未联社通讯》，2015年2月1日电，
得克萨斯州奥斯汀市：

“超级英雄”袭击教堂

今天上午，在位于得克萨斯州首府奥斯汀市的一处教堂内，信众们的礼拜仪式被一位“超级英雄”打断，整个地区大为震惊。这位不速之客身穿棕色紧身衣，胸前画着一个大大的红色十字架，强硬地将牧师从讲坛推下去，随后开始了自己独特的布道：“我无法相信一个整天都想要被赞颂的上帝。”“人仅仅是上帝的一个错误吗？或者上帝只是人的一个错误？我只会相信一种上帝，就是知道如何跳舞的那个。”说完后，他突然开始肆意地跳起了凌乱的马卡丽娜舞步。

当地警方随后赶到并将其逮捕。据目击者声称，他在被铐入警车后座时大喊：“上帝死了。上帝已死。是我们杀死了上帝。”

“如果上帝被杀死了，那一定是这个跳舞的男人干的，”常去教堂做礼拜的梅兰妮·罗伯茨说，“就是他，还有犹大。”

《名利殇杂志》

2015年2月15日

网络红人无意义先生再度出击

网络红人无意义先生在世界小姐大赛拍摄的快闪影片，仅仅三天就累积了超过500万的点击量。无意义先生及其上百位粉丝在当日手持反世界小姐大赛条幅，高喊口号“我们需要什么？都不要。我们什么时候需要？一直都要”冲上舞台，跳起了标志性的无配乐马卡丽娜舞步，随后安保人员强行将他们带走。无意义先生再一次被带走时说：“那些没听到音乐的人，可能以为我们这些跳舞的人疯了。”

《扭腰时报》

2014年8月4日

无意义先生发声！

网络现象和所谓的反偶像的无意义先生日前首度公开发声，这也是他的隐退宣言。“我没法继续了，”这位披着斗篷的斗士对粉丝说，“这段时间很高兴你们愿意倾听我传达的信息，生命毫无意义，这也没什么，由于我的成功，我也成了自己讨厌的那种人。我只是想告诉你们偶像的危险，在这样做的时候，我却成了偶像。我辗转想了很久，接下来该怎么做。我不能自杀，因为那样可能会成为殉道者。我也没法继续了，因为这只会让我真实的意图，即无意义，越来越模糊。所以，从现在开始，我无限期隐退。”“当作品开始言说时，作者必须缄口不言。”

《每日球报》，2072年4月21日

无意义先生的精神在死后发扬光大

五十年前的今天，地球上一个古怪的大胡子反英雄无意义先生在互联网1.0时代迅速崛起。从那时开始，他的追随者便慢慢增长，从信徒到非信徒。如今，在他去世几十年后，64%的银河系居民都在无意义非圣人节这一天认证为无意义先生的非教堂成员。

他曾经说过：“只有后天才是属于我的。有些人死后方生。”历史证明他说得没错。

TL；DR

如果在尼采时代有美国漫威工作室存在，他一定会向他们申请创造一个新的超级英雄，名叫无意义先生，即一个宣扬虚无理念和反偶像思想的英雄。

第八十二课

这就是……信仰

最新的一项研究显示，中国大约有 7% 的人信教。但是，如果其他 93% 的人只是在开玩笑呢？真的存在无神论这种事吗？

2005 年，美国作家大卫·福斯特·华莱士发表了一篇著名的毕业演讲，名为《这是水》。演讲以这样一个故事开篇：两条年轻的小鱼正在水里游着，迎面看到另一条年纪稍大的鱼。大鱼向它们点头打招呼，说道："早啊，孩子们，今天的水怎么样？"年轻的小鱼向前游了一段后，其中一个终于醒悟过来，转向旁边的伙伴问道："水到底是什么？"

对于现实中最习以为常的事物，我们总是极难看清和谈论它们。这个道理几乎已经是老生常谈。越是自明的东西，我们似乎就越容易忘记。

华莱士认为，根本不存在不属于信仰的东西。这并不是说，我们都有宗教信仰，而是说我们所有人都要朝向某些为我们提供意义的东西。我们都在珍视着什么，由此，也就有了信仰。华莱士将此视为一个事实，如果我们慎重选择要去信仰的东西，这就不一定是个问题。更大的问题是我们没有意识到，所信仰之物不是出于自愿，而是社会为我们选择的。因此，至关重要的是，我们要明智地选择，并不断对它们重新进行评估，否则，"你信仰的任何东西都会把你生吞活剥"。

"如果你信仰的是金钱和物质……那你就永远觉得无法满足……信仰自己的肉体和美貌，以及性诱惑，那你永远都会觉得饥渴……信仰权力，最终你会感到软弱和恐惧，会想要更大的权力，让他人臣服在你的恐惧当中……信仰智力，想要看起来聪明，最终你会感到自己的愚钝，自己是个骗子，总是处在被识破的边缘。”

华莱士感觉到，通过信仰，你可以看到自己真正关心的是什么。但是，不受控制、不经确认的信仰会把你拖垮。值得警惕的不是我们公开宣扬的信仰，而是逐渐让我们沦陷的信仰。因为对你的信仰毫无察觉，就会像鱼儿在水里游动时认识不到水一样盲目。

TL；DR

即便尼采说上帝死了没错，但信仰却肯定还在。教育和体悟的真正价值在于，它们能保护你不坠入对信仰的未知状态。如果失败了，你要决定跳入信仰的深渊吗？这种认识也为你事后把自己的选择合理化提供了帮助。

第八十三课

信仰种种

对于敬拜和礼赞这种事儿，人类一向非常有创造力。我们几乎可以说服自己去崇拜任何东西，包括真人秀里的男子乐团。下面概括了一些人类最稀奇古怪的偶像。

1. 飞行面条怪物，又称为飞面大神，简称面神

这个虚构的讽刺宗教，其信徒自称“意面使者”（Pastafarians）。2005 年，一位 24 岁的俄勒冈州立大学物理学毕业生博比·亨德森给堪萨斯州教育委员会写了一封信，抗议该州把神创论和进化论一并归入学校的科学课程，飞行面条神教运动由此开始。鉴于神创论在科学上是不成立的，所以亨德森希望自己创造的神——飞行面条怪物，也能被教委承认，并在学校里教授。从那时开始，该宗教很快爆红网络，吸引了众多追随者。

2. 菲利普亲王

在瓦努阿图的一座小岛上，即使是声名远播的皇家小丑和政治不正确的化身也能被奉为神明。当地有一个传说，预言大地之灵会远行，并且和一个有权势的女人结婚。1974 年，伊丽莎白女王在菲利普亲王的陪同下访问了这座小岛，相信这个传说的信徒就决定把菲利普亲王奉为失落已久的大地之灵。

3. 法国赛车手克洛德 · 佛里伦，即雷尔

雷尔运动的信徒相信，克洛德曾经被外星人绑架，并带到了一个叫作耶洛因的遥远星球上，他在那里见到了耶稣、摩西和佛祖各种神明，并得知人类是在 25000 年前由外星人的 DNA 创造的。噢，而且外星人还会回来。他们会在2025年降落在耶路撒冷，所以你最好提前订好酒店。

4. 来自迪士尼卡通《奇奇和蒂蒂》的救难小福星：阿洁

从20世纪90年代开始，一群俄罗斯的狂热粉丝崇拜一只来自电视剧集里的虚构花栗鼠。阿洁（又叫扳手小灵通）是一个发明家和机械师，对孩子来说就像美国电视剧《百战天龙》中的马盖先一样。或者如它的一位信徒所言：“阿洁是大地之神最不可触碰和完美的孩子。”好吧……

5. 无首女神

她是印度教和佛教中代表了自我牺牲和性节制的无头女神。她和自己的信徒在长时间沐浴后极度饥饿，于是她把自己的头砍下来，让信徒喝自己的血。无首女神显然不相信世界上有三明治这回事。

6. 巴隆·撒麦迪，又名星期六男爵

如果你喜欢带一点摇滚精神的神，星期六男爵是不二选择。他是海地巫毒教信奉的神，令人尊敬的巴隆是一具骷髅，他身穿男士礼服、戴着高帽和太阳镜，在死后迎接你，带你进入冥界，一边抽着雪茄、喝着朗姆酒，一边嘴里不停咒骂。

TL；DR

如果你花心思在上面，就可以崇拜几乎任何东西，或者，干脆不崇拜比较好。

第八十四课

命运之爱，或者我怎样才会忘记烦恼和热爱超人

在哲学中，很少有概念像尼采的超人那么著名——那样完完全全被误解。虽然这个词听起来坏透了，但他和法西斯主义、高挑的金发美人，或者随叫随到的出租车服务毫无关系。相反，这个概念的核心是关于上帝之死。但不是指那个在绵绵云朵里的大胡子全能上帝。对尼采而言，“上帝”是一个更宽泛的概念，代表着任何主张放弃此岸世界，而去追求彼岸世界的思想或信条（比如，如果你能恪守教会的戒律，就会进天堂）。

尼采认为，此类教条贬低了我们唯一一次的人生。如果你相信在来世会有几十个处女穿着清凉在安静地等你，小天使手里拿着竖琴在空中盘旋，为你唱小夜曲，那你有什么动机还活在此岸世界？或者，为什么要帮助推进社会的进步？为什么不早早结束生命去彼岸世界呢？

但是，与此同时，如果我们放弃给予我们生活意义的安逸谬误，剩下的会不会只是一种毫无意义的存在虚空？

是的，没错。关键就在这里。

对尼采来说，这种无意义性不是缺陷，而是一种特色。相比于成为别人所给出的意义的奴隶，我们应该朝向为自己创造意义、朝向超人、朝向放弃上帝而先迈出积极的一步。超人直接承认他 / 她就是其自身意义的唯一创造者，而不是堕入虚无主义。生活完全是无意义的（意义是被给予的），但我们仍然决定为自己创造意义，这就是对生命本身的最终肯定！

这样做，你就会爱上自己的命运（命运之爱，用拉丁语来说就是

amor fati）。正如尼采所言：

我认为人的伟大之处就是命运之爱：一个人不求境遇的改变，无论是过去，还是将来，直到永远。他不是在承受必要的东西，更不是在掩盖它——所有理想主义面对必要性时，都是虚伪的谎言——而是爱它。

如果你发现很难做到，他还曾说道："你有你的路，我有我的路。因为正当的路、准确的路以及唯一的路，并不存在。"去创造你自己的路吧，不要成为道德的奴隶，我亲爱的超人。

TL；DR

如果做出这样的选择，你可以看透存在的无意义性，那么接受它，并建立一种完全由自己创造的意义组成的生活。这样做，你就会变成超人。要是这听起来太难，你也可以选择放弃，被飞行面条怪物的面条触手抚摸。

第十一章

文字和语言

第八十五课

牛仔与印第安人：一次无语言的交流

想象在一片辽阔的草原，空气在炎热中闪闪发光。一名牛仔正骑着他忠实的骏马回家，这时他遇到一位朝着相反方向行进的印第安人。他们坐在马背上转起圈来，小心翼翼又略带戒备地看着对方，直到印第安人举起手，缓慢地指向牛仔才打破了紧张气氛。牛仔吃了一惊，但并不害怕。相反，他用两个手指做出了胜利的标志。这让印第安人感到颇为困惑，他的反应是双手交叉放在了头上，这样他的手就碰到了头顶，形成一个三角形。这时，牛仔露出了微笑，在马背上放松下来，把手放到了胸前。然后，他像一条蠕动的蛇那样向前移动着张开手掌。在片刻更为尴尬、紧张的沉默过后，两个人互相擦肩而过，消失在西部风景中，印第安人带着一种略微迷惑的神情，牛仔却颇为怡然自得。

当晚在家，牛仔向心爱的妻子讲述了今天的遭遇。“我早就知道印第安人是懦夫。”他说，“设想一下！在我回家的路上，一个印第安人跳出来，威胁要直接向我开枪。”他对着妻子，不断重复这个动作。“不过我守住自己的位置，明确告诉他，不等他拔出枪来，我就能在他身上开两个洞。”他做出了胜利的手势。“然后这个蠢货就后退了，告诉我他只是想回到自己的营地。”他再次模仿印第安人的行为，做了一个三角形。“你知道我心地善良，所以告诉他，如果他立即滚蛋，我就放过他和他那软弱无力的威胁。”牛仔说着，做出了像蛇一样蠕动的手势。“我就这样告诉他的。”他边说边向地上呸了一口。

印第安人回到家后也高兴地向妻子讲了这个故事："亲爱的，你不会相信我今天遇到了什么怪事。我碰到一个疯了的白人。我正在草原上往回走，看到一个牛仔，就用食指指着他问他是谁。你猜他怎么回答？他说他是一只羊！"印第安人和妻子大笑。"我想他可能在太阳底下待太久了，但我想陪他玩玩，就问他是不是一只山羊。"他给妻子做了三角形的手势。"他回应说：'不，我不是山羊，我是水羊。'"他用手臂模仿着蛇的动作说，"白痴！"印第安人摇了摇头。

很明显，牛仔和印第安人曾有过一次对话，不过显然由于缺少共同的语言，他们并未交换真实意思。但是，即便所有参与者都讲相同的语言，某个人想表达什么就是清楚的吗？有没有可能大多数哲学问题都来自像草原上这次一样的"对话"？研究这个问题最著名的哲学家就是维特根斯坦。

TL；DR

我们或许能控制自己想说什么，但对于别人如何理解我们说的话却一无所知。水羊是哲学中一个濒临灭绝的品种。

第八十六课

维特根斯坦小档案

影响力：★★★★★★★☆☆☆

国　籍：奥地利

时　期：1889—1951

追随者：很难说，因为所有 20 世纪的哲学家都谈论过维特根斯坦，哪怕只是说不喜欢他

生平

维特根斯坦相信一切哲学问题在本质上都是由语言上的误解产生的。对他来说，由于对语言逻辑的误解，才导致我们提出看似合理，但只是无意义表达的那些问题，用美国哲学家诺姆·乔姆斯基的名言说就是："无色的绿色观念疯狂睡觉。"如果我们准确地提出问题，就没有任何真正的误解或疑问无法解答了。

最棒的点子

"我的语言界限意味着我的世界界限。我所知道的就是我用语言说出的东西。"维特根斯坦确信，语言塑造了现实，世界在根本上是不同的，这取决于你用来描述它的词汇和语言。意义不是某种抽象的事物，而是编织在社会语境中的东西。语言规约着经验。我们理解、互动和解释世界的方式取决于我们思考和交流时的语言（用法、语法和意义等）。

最糟的点子

维特根斯坦生于当时奥匈帝国第二富有的家庭中（他们家在维也纳就有13座宅邸！）。在父亲去世后，维特根斯坦觉得低调的生活方式更适合自己，所以把继承的财产全部赠予了兄弟姐妹，相信他们已经被财富腐化了。后来他有点低调过头了，导致自己一贫如洗，但碍于脸面又不想向朋友和家人要钱。最后，他的姐姐出面救了他，她决定再建一座宅邸（13座好像不太够，是吧？），并请维特根斯坦做设计师。

逸事

据说当维特根斯坦在剑桥的博士论文答辩会结束时，他拍着两位答辩委员的肩膀说："别担心，我知道你们永远都不会理解。"这两位委员是20世纪最著名的两位英国哲学家，伯特兰·罗素和乔治·爱德华·摩尔。在答辩报告中，摩尔写道："在我看来，这是一部伟大的著作；无论如何，它达到了剑桥大学的学位标准。"

名言

"不做蠢事，明智的事也永远不会发生。"这句话至少解释了：文身、战争和油炸巧克力。

"谜语并不存在。如果问题能被提出，就能被解答。"这并不意味着你会喜欢答案，或者记得问的是什么问题。

"只要一个人没有弄清楚他该拉门还是推门，他就会被困在一个门没锁但朝里开的房间里。"如果一扇门都能把他困住，那这个人还是待在那个房间里最安全，不然还要出来应对养活自己、岳父和量化宽松这些问题。

维特根斯坦的厕所

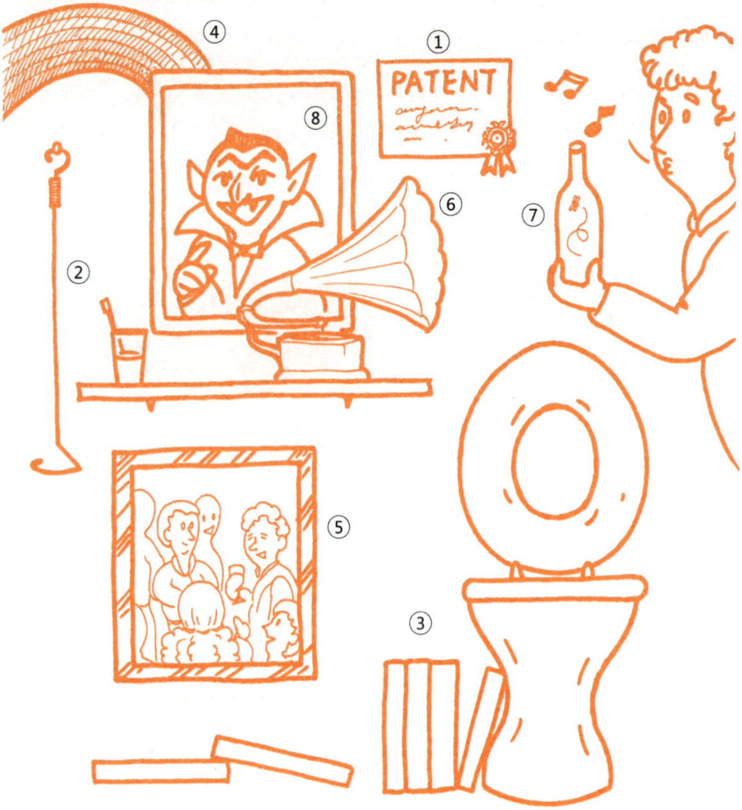

① 专利证书：维特根斯坦曾在曼彻斯特维多利亚大学攻读航空工程空气动力学学位，甚至因为这方面工作取得过一份专利。

② 拨火棍：据说他曾在一次相当激烈的论辩中，用拨火棍威胁另一位哲学家（卡尔·波普尔）。

③ 诺伯特·戴维斯的侦探小说：维特根斯坦钟爱的读物。

④ 彩虹：维特根斯坦是同性恋，但他从未亲口承认过，因为同性恋在当时是违法的。

⑤ 奥地利世纪末艺术作品：维特根斯坦生于奥地利，并在那里长大，出身富豪之家。

⑥ 留声机：他酷爱音乐，能凭记忆吹口哨吹出整个交响曲的节奏。

⑦ 苍蝇在一个瓶子里：维特根斯坦有一句名言“为苍蝇指明逃出捕蝇瓶的路”。

⑧ 流行文化中的对应人物：儿童节目《芝麻街》中的数数伯爵。他们两个人都在城堡中长大。伯爵喜欢用数数来教会儿童简单的数学概念，与之类似，维特根斯坦的大部分著作都用平易近人的方式写就。他不会像伯爵那样狂笑，不过他也有很好的幽默感，他有次还说，可以整本哲学书都用笑话来写（我们这本书正在极力证明这一点）。此外，两个人外表都很高贵，虽然这也暗示了多多少少有点虚荣。

TL；DR

路德维希·维特根斯坦是奥地利哲学家，他相信一切哲学问题本质上都是语言问题：“哲学就是借助语言对抗我们理智的蛊惑。”不错的尝试，精妙的巫语！烧了它！

第八十七课

间接语言：通向更好理解的捷径

如果语言是交流的主要窗口，为什么我们要用不清晰的措辞、间接的语汇、成语和暗示来遮蔽它？

说出的话	真实的意思
让我们各自保留不同意见。	你错了，但我累了。
如果你能去看看祖母该有多好。	你不但应该去看看敬爱的、衰老的、未被好好照顾的祖母，还应该发自内心想去看看她。
你想明天到机场来接我吗？	我知道你不想来机场接我，但我需要有人接，而且我们之间的关系对你来说很重要，是吗？
我想，你当然可以那样做啦。	我想你可以那样做，对，如果你是个白痴的话。
我就简单评论几句。	我正在耐心安慰你，但你可能需要先安排好时间——形势严峻，我可能会说一整晚。
你有一张漂亮的脸蛋，要是糟蹋了就真可惜了。	按我说的做，不然我就打烂你的脸。
什么时候有时间来我这儿，我们喝一杯？	你想来我家和我上床吗？可能我们会先喝一杯，如果你坚持的话。

为什么我们不直接说出自己要表达的意思？我们为什么需要间接语言？嗯，其实这样做有很好的理由。

似是而非的推诿：如果你不确定两方对于真正在讨论的内容是否处在同一个水平上，间接语言能够避免尴尬和冲突。美国学者史蒂芬•平克是该领域研究的先锋，他曾在一篇具有里程碑意义的论文《间接语言的逻辑》中说："合作的倾听者可以接受这个请求，但不合作的人可能不会做出相应的反应。"因此，如果你因为超速被交警拦下，你直接问他"您愿意接受贿赂让我走吗？"如果对方拒绝，你就会有更大的麻烦。在驾照里夹50块钱来暗示这一点，却能为你和交警同时留个台阶："不好意思，警察先生，我也不知道这里怎么会夹了50块钱。行贿？这么老套的事儿我怎么可能做？"

关系协商：语言不仅用来传达意义，也用来协商人与人彼此之间的关系类型。思考一下关系类型：

支配关系："别惹我"被表达为"天气真好，既然你长了两条腿，为什么不出去走走。"

共享关系："有福同享"被表达为"这么好的天气太适合两个志趣相投的好友出去走走了，是不是？"

互惠关系："投桃报李"被表达为"天气真好，你出去散散步，顺便去商店买糖果，我刚好可以在家收拾屋子。"

间接语言允许使用者隐藏自己，这意味着某种关系类型存在于话语的表层之下。因此，平克在同一篇文章中说："对间接语言的判断应该依照产生更少的尴尬和不适，获得更多尊重，在与倾听者的预期关系中得到更多认可（比如情感、尊重或合作等），以及提议被拒绝的情况下，参与者之间更容易恢复到正常关系的状况进行。"如果这样做没有用，我们永远可以选择逃避，在社交网络上彼此拉黑或申请人身限制令。

TL；DR

如果你不是直言不讳，那就更有可能得到自己想要的。除非你比对手武装得更好，在这种情况下，含沙射影完全是随意的。

第八十八课

私家车效应

或许合乎逻辑的是，因纽特人比漫步在非洲沙漠的贝都因人有更多的词语来描绘雪。相似地，夏威夷人给甘薯取了108种名字，而巴尼瓦部落对蚂蚁有29种令人印象深刻的称呼（这似乎暗示了他们关于杀虫剂的词语很少）。但是，这些名字除了表现语言技巧和在暴风雪或沙尘暴中炫技之外，还有什么不同吗？

如果你有更多的词语来描绘自己的经历和趣味，你认为它们会变得不同吗？

幸运的是，这个问题已经借助世界各地的土著部落被研究过了。其中一个极为有趣的部落叫辛巴，他们是主要生活在纳米比亚北部的游牧部落。辛巴部落有一群非常谦虚的人——谦虚到他们只有四个描绘颜色的词：zuzu（深蓝、红色、绿色和紫色）、vapa（白色和黄色）、buru（若干绿色和蓝色色调）以及dambu（其他绿色、红色和棕色）。研究者让辛巴土著居民坐下来，测试他们区分两种颜色时（如深蓝色和紫色）是否由于只有一个词而要比美国人花更多的时间；同时，美国人是否能更快区分出两种绿色的色调（如buru和dambu），因为我们大多数人只有一个词。

测试结果表明，答案是肯定的。缺少描绘颜色的词的确会让人难以区分颜色之间的细微差别。虽然在任何情况下，人们都不需要“五十度灰”。

对辛巴及与之相似部落的研究表明，人们对世界的看法因语言和词汇量的不同而有所差别。但这种差异的程度和性质仍然是一个悬而未决的问题。这并不是说，除非我们有一个词来形容某种颜色，否则我们就看不到它；诸如此类的事情或许更像是所谓的私家车效应：买了一辆新车后突然发现，整个城市似乎都挤满了开同一款车的人。一旦你发现某些事物的存在，就开始到处搜寻它。或许你在鞋子、树木、作家或歌曲等事物上有过这种感觉。

在现实生活中（除非你正在出演属于自己的怪诞版本《楚门的世界》），这些事物一直在那儿——只是之前与你没有发生关联。知道关于某种事物的一个词语，有助于你将它从不断涌入你的大脑，并渴望吸引你注意的大量感官刺激中分离出来。我们的词汇、语言、文化、爱好和兴趣都偏向于特定的刺激类型。它们跑在前面，彰显着自己，好让我们更容易捕捉到。

TL；DR

如果某个事物对你很重要，可以学习更多的词语去描述它的细枝末节。我们对现实的知觉，随着我们贴在它上面的语言标签而不断变化。这就是为什么你需要 613 个形容词来形容巧克力蛋糕。

第八十九课

老话新词

如果我们的语言界限构成了世界的界限，而我们想要在这个世界背后建立一座舒适的小屋，所需要的不过是一些新鲜词语。这个任务并不难，因为生活中充满了值得被贴上标签，却还没有被命名的现象，所以拼词游戏没法把这些现象收进去。

为了改变这种状况，并帮助你在未来发现它们，本书总结了六个新词：

1. 风中凌乱：当某人表达了一个极为愚蠢的观点，但是按照社会惯例你不能大声嘲笑他，或者扇他一个耳光。所以，你只需咬着嘴唇，点头，表示风中凌乱。“吉米叔叔说，我们不应该喝自来水，因为政府为了让民众变得愚蠢，在自来水里加入了化学物质，我听了真是非常凌乱。”

2. 打酱油：这个词适用的场景是，你试着在派对上融入一个群体，但他们的话题却没完没了，也没人腾地方让你加入，所以你就徘徊着、不受欢迎，像校园迪斯科舞会上的一个牧师。

3. 主要看气质：一个因为外表而得以自我标榜为聪明的人。“他说的话很蠢，但他留着胡子，戴着眼镜，还用了一个笔套，所以他一定知道些什么。”

主要看气质

4. 佛系跑题王：当你忙于为某个问题精心构思答案，而完全忘记最开始的问题是什么时。于是你不知道接下来该怎么做，只能继续随性说呀说……直到“快看！又跑过一只松鼠”。

5. 尬聊达人：指的是某种具有奇怪能力的人，他们能够在聊天中把所有话题都拉回到自己擅长的领域当中，无论二者之间的联系有多小。“你点的这份牛油果沙拉让我想起珍珠果酱乐队 2006 年的划时代专辑《珍珠果酱》，这是第二张以制作人亚当·卡斯帕为特色的专辑，我觉得批评者说这张专辑滥俗是不公平的。这张专辑的封面就是一只牛油果。”

6. 障眼大师：指具有一种狡猾能力的人，他们会用让提问者更加困惑的方式来回答问题，然后向对方索取额外的特权。

TL；DR

不读这一节的话，你会错过许多酷炫的新词，真丢脸。如果你读过这一节，还来读 TL；DR，好样的，千里眼（指总是读小字体的人）。

第九十课

迷失在诠释学循环里

不管你是否意识到，我们都在不断地解释世界：那个帮我们开门的男士，到底是出于好心，还是想趁机占便宜？哲学中的“诠释学”一词来自古希腊语“解释”，而诠释学循环发生在我们从文本中提取意义的过程中。

诠释学循环表明，要理解一个文本的整体，你必须先理解部分。但是，为了理解部分，你还必须理解整体。于是就成了一个（非恶性的）循环。例如，倘若你想知道一本书整体的内容是什么，需要从一句话开始读。由此开始，你就会得到关于这本书的体裁、风格、语言的运用，甚至目标读者群的信息。

但是，你对每个句子的理解受到自己对整本书的解释的影响。比如，如果这本书描绘的是19世纪的英国，在阅读的过程中，你关于该时期的知识会不断增长，从而为你了解19世纪的生活状况提供更好的洞察力，同时，在你分析这本书剩下的单个句子时，也具备了更多的知识。俗话说得好，如果你只有一把锤子，那一切最开始都像一颗钉子。通过不同层次的诠释学循环，你可以获得更广泛、更丰富的理解工具。

理解并非一个清晰明确的过程；一个文本中可能会存在不止一个意义，每个句子所反映的意义也有所不同，这取决于你对它的理解程度。以乔治·奥威尔的小说《动物农场》为例。一句话接一句话地读，你可以把这本书当作动物们勇敢站起来争取自己权利的寓言故事。抑或，如果你对20世纪的政治境况有所了解，就会把它当作隐喻俄国革命的著作来读。

作为读者，你是这个过程主动的、必不可少的组成部分。不存在脱

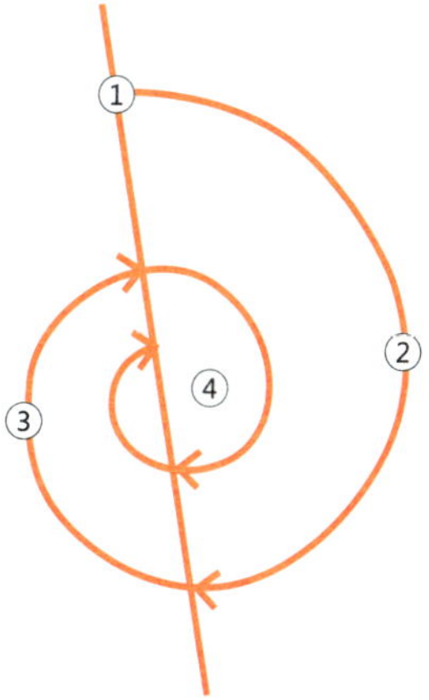

① 前理解
② 检视细节
③ 检视整体
④ 深度理解

离了解释者的解释。也不存在某个终结性的、灵光乍现的时刻——在那一刻文本独一无二，真实的意义一下子被揭示出来。相反，也只有你，在理解的循环中往复运动，每经历一圈就增加一份自己的诠释，不过在绕圈探索智慧的过程中，试着不要迷路了。

TL; DR

我们在诠释学循环中解释自己读到的东西。准确的解释会增进理解；错误的解释，会走入死胡同，不过我们经常把这条死胡同解释为一条通向更伟大意义的冗长的瓦砾通道。

第九十一课

解经学的鱼腥味

我们经常以“解经学”作为诠释学的同义词使用，这个词其实代表了一种相当乏味的活动：诠释神学文本。几乎可以在所有的教堂礼拜中见到解经活动，通常以神父引用《圣经》中的话作为开端。也许是这样，“智慧人的嘴，播扬知识。愚昧人的心，并不如此”（《箴言》15:7）。接着神父会借助我们的老朋友解经学来解释这句话，以此表明它的真实意思是说，手机降低了我们注意力的持续时间，让我们脱离上帝，社交网络满是无意义的虚荣，线上约会亵渎了婚姻的神圣性。

解经学对任何厕所哲学家来说都是有用的，因为它让我们创造捏造意义来支持自己的论点或观念。让我们来看看现代版的经文，一首在今天的寺庙——迪斯科舞厅里传唱的经文。这些汗流浃背的午夜电子摇滚乐布道，一直被视为庸俗或轻浮的活动，这一点着实让人感到遗憾，因为其中也蕴含着伟大的思想，比如德国歌手汉斯·皮特·巴克斯特（H. P. Baxxter），更为人知的名字是 Scooter 乐队：他是每分钟能唱出高达 160 个节拍智慧的神父。让我们现在膜拜一下他深刻的教导，总结他的开创性工作。

> **鱼卖多少钱？**
> 来来来，来来来
> 大家一起来
> 啦啦啦啦啦啦！
> 阳光在空气中闪耀！
> 鱼卖多少钱？
> 鱼卖多少钱？
> 耶！
> 来来来，来来来
> 哎呀！
> 再跟我唱一遍！
> ——Scooter 19:98

歌词里提到鱼只是巧合吗？“鱼”寓言了一小撮最忠诚的信徒，这一点难道不是再明显不过了吗？毕竟，早期基督徒就用鱼的形象作为识别彼此的符号。“多少钱”探问的是虔诚是否能用价格衡量的问题，这便引出了更为深刻的洞见，即我们只有愿意先给予，才能索取。接下来的“耶！”我问你，还有什么比用“耶！”来表达对狂喜平静的感叹更祥和的词语吗？没有。

随后，巴克斯特的最后一句“阳光在空气中闪耀！”再次超出了我们的期待。显然，我们都知道阳光是通过无质量光子传输的，因此它不可能“在空气中”，所以这句话肯定也蕴含了更深刻的意义。它明显代表了一句虔诚的承诺。这个承诺说的是，如果你愿意放手，爱就会拥抱所有愿意放手的人，它像空气一样飘浮在温暖的阳光中！当然是这样！

本周的布道到此结束。很高兴能让我们的信众再次感受到力量和理解。下周我们所有人会一起讨论“呐呐呐，来来来，来来来，是我的菜，我的菜”（蕾哈娜 20:11），借此学习一堂关于感官享受和神圣狂喜的触感课程。

TL；DR

解经学是解释（神学）文本的艺术。它通常意味着从一个文本中提取出许多不同的意义，这让文本既感觉到被侵犯，又需要心理治疗。

第九十二课

哲学宾果

哲学宾果
BINGO

关卡	康德	古希腊	诸种主义	古怪术语	核心概念
1	绝对命令	悖论	享乐主义	美德	天赋观念
2	敢于运用理性	形而上学	一元论 / 二元论	生命之爱	奥卡姆剃刀
3	先天 / 后天	不可知论	决定论	神正论	苏格拉底问答法
4	综合知识	解经学	功利主义	诠释学	柏拉图洞穴
5	哥白尼式的革命	三段论	虚无主义	现象学	辩证法

游戏规则：

○ 每正确使用一个词，得 1 分。为了通过测试，你至少要得到 12 分。

○ 每当你错误使用一个词，被质疑它的意思，或者被要求定义它时，就会失掉 1 分。

○ 当你使用了每行或每列的所有词语，得到 1 分额外的奖励。

○ 第五关的词特别难，虽然你不会因为使用它们而获得额外的积分，但会得到两位教授的尊重。

第十二章

科学与范式

第九十三课

无限猴子的无限传说

鉴于哲学更善于提出问题而非解答，所以在最后一章，我们将转向科学和数学以飨读者。不同于哲学，对我们而言，数学理应具有确切的答案，对吗？即便无法在生活的意义上达成共识，我们至少都同意 1+1=2，对吗？在数学中，我们终于达成共识，如果这还不行，我们至少能找到猴子。还有什么比猴子更好的试验品？无穷无尽的猴子。以下是本章第一个思考题。

设想你有无数只猴子，每只猴子都有一台打字机，你命令它们用打字机无限地打字，这些猴子最终会创造出完整的莎士比亚的作品吗？

有人说不可能：它们需要打出 835997 个单词，顺序准确，每个单词又由多个字符组成，没有一处错误。

有人说可能：无限真的真的是很长一段时间。事实上就是永远。

你认为呢？现在做出选择。

答案是肯定的，猴子们可以。因为，它们有无限的时间。这些无限数量的猴子所输出的无限文字，最终会打出完整的莎士比亚作品。但我们永远也找不到它，因为这要花上几千万亿年，浪费不计其数的纸张，可即便如此，猴子们还是会成功的（一千万亿不是真正的计量单位；不要在数学家面前使用，他们会嘲笑你）。

如果这个思考题的答案如此明显，为何会激发数学家的兴趣？有两个原因：第一，还是无限性。无限性是一个颇具诱惑力的概念。如果我们能永远这样计算下去，那诸如除法和加法之类的事情为什么要重复很多次？第二，或许更重要的是，这似乎意味着几只猴子就能解决！因为这些一直在打字的灵长类动物既然能创造出莎士比亚的作品，难道不也能创造现在和未来的一切科学成就、艺术，以及解决每个数学问题的答案吗？所有数学问题要么被证明是对的，要么是错的，不是吗？所以猴子们也肯定能解开这些难题，对吗？

没错！这就是为何数学家认为这个思考题值得仔细研究。他们想知道自己会不会就此失业了。

无限数量的猴子会解决所有数学问题吗？在你做出决定之前，先阅读下一课的内容。

TL；DR

无限数量的猴子用无限数量的打字机在无穷时间内会复制出整部莎士比亚的作品。但是，它们也会同样解决所有数学问题吗？以及，你如何驱使猴子们一直打字？

详解哥德尔的不完备性定理

19 世纪，数学界出现一批非常古怪但却很有用的概念，比如非欧几里得几何学，即关于两条平行线能够相交的几何学（后来证明这个理论是爱因斯坦相对论的组成部分）。好像突然之间统一的数学学科不存在了，而是成了一个由许多非常奇怪的数学领域组成的数学动物园。

出于这个原因，德国数学家戈特洛布·弗雷格毕生的工作就是为所有数学领域创造出一个无可辩驳的、纯粹的逻辑基础，他的著作就叫《算术基础》。当他正准备再版这本书时，收到一封来自英国哲学家伯特兰·罗素的信，罗素在信中提出了一个看似微小的数学问题，他认为这个问题与《算术基础》这本书的宗旨相矛盾。

这个问题就是著名的“理发师悖论”。这是个不到一个句子长度的数学公式，但却对弗雷格产生了毁灭性的后果，以至于他放弃了毕生都在努力的工作。悖论的内容是：一个理发师定了一条规矩，只给那些不给自己刮胡子的人刮胡子。

明白吗？接下来就出现一个看似简单的问题：理发师会给自己刮胡子吗？

发现问题了吗？如果他给自己刮胡子，就违背了自己定的规矩；如果他不给自己刮，也违背了这个规定。虽然这个悖论听上去平淡无奇，过于做作，但对数学家来说，却相当时髦，我是说有吸引力的问题。

麻烦大了。在意识到逻辑无法为构建一种经过验证的数学提供基础时，所有参与这个规划的人都非常担心，人们还为该时期起了一个很酷的绰号——“数学基础危机”。为了解决这一危机，另一位德国数学家大卫·希尔伯特提出了一个新观点：即便逻辑无法为数学提供无可辩驳的基础，但它仍然可以表明数学定理是融贯和完备的。许多人终于松了一口气。这个观点后来成为希尔伯特方案，以此为根据，定理就成了数学规则。所谓融贯性是说，这些公理之间不会彼此矛盾，而完备性则要求不遗漏任何数学规则。如果一个系统能够被证明是完备和融贯的，那么该系统内的所有问题最终都会有答案。

因此，与哲学和艺术形成鲜明对比的是，数学毕竟仍然可以理直气壮地宣称自己的所有问题都会有答案，所以，这些问题会被无限数量的猴子解决（或者至少被计算机解决）。

当希尔伯特还在为自己的方案努力时，另一个扫兴的人出现了。奥地利逻辑学家库尔特·哥德尔发表了他的不完备性定理（我猜测他只是等不及把书写完，才说不完备。咚！）。这些定理极大地颠覆了希尔伯特的方案，表明数学中总会有一些既不能证明，也无法反驳的问题。糟糕。

于是，我们又回到了原来的位置：没有任何数学系统再说出既是融贯的，又是完备的这种话了。更糟的是，系统连自己的融贯性都无法证明。如果你有无限数量的猴子/电脑/时间/纸张/耐心，或许能够重新打出莎士比亚的作品，但可悲的是，你无法回答所有数学谜题。因此，并不存在能够将数学基础与其他游戏规则（或板球——一堆规则带着点游戏性）区分出来的无可辩驳的真理。大多数数学家都因此感到羞愧，所以他们都在避免谈论这个话题——就像一个人不小心被碍手碍脚的真理绊倒了，爬起来赶紧走掉，好像什么都没发生过一样。

TL；DR

从哲学上来讲，诗歌和数学并没有太大区别。有无数只猴子并没有想象中那么好玩。虽然没有人知道理发师会不会给自己刮胡子，但人人都知道，一句话可能会毁掉整本书，所以我最好还是别再说了。

第九十四课

波澜壮阔的范式转换

生而为人，我们必须把自己对科学发现的辉煌畅想与所生活时代的流行智慧调和起来，一次一个范式转换。下面是为我们失去的一切所列出的简史图表（虽然我们从一开始就从未真正拥有过它们）。

我们以前相信	我们现在知道	怪谁呢?
地球是宇宙的中心。	太阳是太阳系的中心，地球围绕太阳转动。	哥白尼
人类是上帝按照自己的形象创造的。	人类是人猿 + 对生拇指。	达尔文
我们的思维完全在自己掌握当中。	儿童期毁了所有人。	弗洛伊德
我们是自己创造物的主宰。	我们是由自己创造的东西塑造的。	弗里德里希·基特勒和马歇尔·麦克卢汉
从来没有一台机器比人聪明。	会下国际象棋的电脑让人类感到紧张。	IBM 公司的深蓝电脑
你要触摸到对方，才能享受美妙的性爱。	视觉体验比真实性爱好多了。	高清 + 触觉虚拟现实*
人类意识是神奇而且独特的。	意识可以轻易在电脑中复制出来。	奇点*
我们的移动速度永远不会超过光速。	未来的你会通过时间旅行回到过去，为那时的自己选择了贫穷的生活扇自己一个耳光。	时间旅行*

TL; DR

你是伟大的，至少曾经伟大，但是，当我们开始说这句话时，关于人类的知识也在不断进步，现在只是被看作平庸无聊的东西。

---

* 即将到来的范式转换。请保持关注！

第九十五课

卡尔·波普尔小档案

影响力： ★★★★★☆☆☆☆☆

国　籍： 奥地利

时　期： 1902—1994

追随者： 保罗·费耶阿本德、弗里德里希·哈耶克、乔治·索罗斯

生平

波普尔是奥地利裔英国哲学家，他在社会哲学和政治哲学领域都有重要影响，也被广泛地视为最伟大的科学哲学家。用他的朋友、数学家赫尔曼·邦迪的话来说："科学最重要的就是方法，而方法中最重要的就是波普尔说的那种。"

最棒的点子

可证伪性。波普尔揭示出，科学的伟大不在于对假设的证实，而在于对它们的证伪，也就是说，反证这些假设。科学运用归纳法：观察→模式→假设→检测。通过归纳获得的原理永远无法被证明，而只能被证伪。如果你宣称所有天鹅都一定是白色的，那只需一只黑天鹅就能证明你的"天鹅法则"是错误的。无论看到多少只白天鹅，你都永远无法确定，一定不会有一只黑天鹅在世界的某处。科学并不提供真理，只是提供假设，因此，任何科学性的东西必须能够被证明其带有不正确性。如果某种假设在任何情况下都无法被证伪，那么它仅仅是神话、信条或宗教。换句话说，一个良好的理论之所以能脱颖而出，在于它表明在何种情况下会被证伪。

最糟的点子

阅读脚注！众所周知，波普尔在面对批评时脾气暴躁，只有当一个人能够完全充分地阅读并理解他的文本，包括所有脚注时，他才乐意接受批评。当年波普尔在伦敦经济学院教书时，院长想让他开设一门快读课程。这个想法吓坏了波普尔，他要求院长改开一门慢读课程。

逸事

波普尔年轻时是一个马克思主义者，也是奥地利共产党党员。

1919 年，他有八个朋友在一场暴乱中被警察射杀，波普尔质问领导人这一行动的后果。对方实事求是地说，在革命的先导阶段，生命损失是不可避免的。波普尔不同意这种说法，随后终生致力于自由主义。

名言

“那些许诺我们天堂的人，除了地狱什么也没制造出来。”但是，那些许诺我们地狱的人，通常特别善于制造地狱。

“一个能解释一切的理论，其实什么也解释不了。”什么也解释不了的理论，最好留给占星师。

“如果一个人不想采取理性的态度，那么即便是理性的论辩，也无法产生理性的结果。”对，就好像，随便吧！

波普尔的厕所

① 拨火棍：据说他曾被维特根斯坦拿拨火棍威胁。

② 老鼠洞：波普尔是开放社会的忠实信徒。

③ 书：波普尔从父亲那里继承了藏书的爱好，他父亲的图书馆里藏书超过一万册。

④ 陈列柜：他曾经在家具加工厂当过学徒。

⑤ 文凭：他曾获得心理学博士学位。

⑥ 新西兰国旗：为了躲避战乱，波普尔曾经在新西兰教书，他在那里生活了九年，并完成了《开放社会及其敌人》一书。

⑦ 流行文化中的对应人物：蓝精灵爸爸。两个人都是圈内备受尊敬的领导者，智慧、平和、精力充沛，即使上了年纪也能保持着智识上的活跃。波普尔在 92 岁逝世前的几周还在坚持写作（如果你好奇的话，蓝精灵爸爸 542 岁，他看起来都不到 535 岁）。他们都生活在郁郁葱葱、略带无聊的乌托邦乐园里（蓝精灵乐园和新西兰）。蓝精灵与格格巫斗争；波普尔的敌人是政治暴力和不良科学。

TL；DR

奥地利哲学家卡尔·波普尔由于揭露出科学必须具有可证伪性，以及所有的脚注都应该认真阅读而闻名于世。

第九十六课

在科学倒地时落井下石：范式转换与“怎么都行”

许多人认为，每项科学发现都建立在前人发现的基础上，科学就像一个大碗，为了让大家更愿意倾听他们口中的真理，穿着实验服的人轮流加酒，企图让每个人都喝醉。

物理学家托马斯·库恩试图表明，科学范式更像是在联谊会上互相争宠，等着把今天的热门范式从凳子上推下来，这样他们自己就能得到一些关注。想想牛顿的重力定律和爱因斯坦的相对论；从长远来看，牛顿似乎已经做到了，爱因斯坦不过是改进了他的想法，因为他们的计算在大多数时候都给出了相同的答案。但是，按照库恩的说法，二者是不可通约的（无法比拟的）。对牛顿来说，空间和时间是绝对的、无处不在的，也不可改变。爱因斯坦的相对论则完全不同：空间可以弯曲，时间也并非万古不变，而是取决于质量和速度。

因此，从一种学说（牛顿主义）向另一种学说（广义相对论）的转变，并非来自知识推力的威力增加，而是大碗完全从一个换成了另一个。库恩甚至详细例证说，当劣质理论占上风时，有时候也只是因为它们更具有审美上的吸引力。作为20世纪最重要的物理学家，马克斯·普朗克也认同这一点：“一个新的科学真理并非通过说服对手，以及让他们看到光明而获胜，而是通过把对手彻底消灭，新的一代在对新真理的熟知中成长起来。”库恩用“范式转换”来说明这种观念。

保罗·费耶阿本德是卡尔·波普尔的学生，也是托马斯·库恩的朋友，他更进一步发展了这种观念，声称运用科学方法，就像诗歌一样，“怎么都行”。任何方法都只是一种暂时的框架，会按照共同体需求的变化而改变，而共同体则最终决定了哪些是“科学的”，以及哪些无法满足现行的明确标准。就此而言，一个突出的例子就是伽利略，其地球围绕太阳运动的观念违背了当时规范的科学话语，差点因此被处决。

费耶阿本德说，有的理论甚至不必像波普尔说的那样通过实验证伪，单纯随着时间推移就会过时，无论该种理论已经存在多少种证伪的证据。持有过时信念的人不会轻易放弃——他们只是看起来越来越荒唐，没人再邀请他们聚会，最终他们会悄悄放弃过时的想法，改为在今天的“常识”中更流行的观念。科学和历史一样，是由胜利者书写的。取得胜利的不是最聪明、最具科学性的严格科学家和科学观念，而仅仅是那些最强烈地（和激烈地）捍卫自己立场的人。正如圣雄甘地恰当地指出：“他们先是无视你，接着嘲笑你，然后和你争斗，最后你赢了。”

科学就像维基百科文章中关于疫苗接种的评论区：不断编辑，大量跟帖，永远无法得出让每个人都认同的满意答案。

TL；DR

每当谈到科学时，我们总是倾向于忽视社会层面。而涉及社会层面的问题时，我们又总忽视科学家。

第九十七课

关于 ABC 猜想的证明

“想象一下，现在有一场战争，但却没人出现。”这句和平主义者名言的荒谬性和悲喜剧色彩来自这样一个事实，即战争并不要求你必须得出现——战争是侵入性的，正因为如此，对参与者来说，它总是无可避免。

新的科学发现就是一种不那么暴力但同样具有渗透性的东西。如果一位科学家发现了该科学领域内的突破性洞见，显然会迅速广为流传，并得到所有人的喝彩以及各种资金支持。毕竟诺贝尔没有设立最佳保守秘密奖。

因而，一旦我们有了新的发现，接受它只是分配方面的问题，不是吗？但在 ABC 猜想中可不是这样的。我们不谈那些难以理解的数学细节，故事大致如下。2012 年，京都大学数学教授望月新一发表了一篇论文（超过 500 页！），宣称自己解决了一个最基本的数学难题：ABC 猜想。如果他的说法得到证实，那么将在各个数学领域产生连锁反应，因为许多其他理论都会自动得到证明。对数学家来说，这种证明就像为八岁孩子终生供应冰激凌蛋糕和放假一样，既令人难以捉摸，又令人神往。

到目前为止还好。不幸的是，问题在于数学家望月新一对 ABC 猜想的证明是如此新颖和复杂，以至于没有人能理解它。对于一篇名为《全面一般化泰希米勒理论》的论文我们还能指望什么呢，又不是娱乐杂志。

这种悬而未决的状态至今已持续多年，甚至连这位有教养和矜持的日本数学家本人都（几乎）显露出沮丧之情：“到现在还没人证明出我的理论是对还是错，这多少有点令人失望。”

由此引出的问题是：如果一个突破性的真理没有人能理解，那它还算数吗？真理和其他事物一样，也取决于社会的建构。真理就像法庭上的被告，必须由同行法官来评断。在科学中，这个过程叫作同行评议。只是在这种情况下，没有同行有足够的智慧 / 时间 / 热情去评议它，以及宣布它是不是足够具有科学性。

这便将我们带向了下一个问题，机器在不断变化，变聪明。在未来，似乎我们创造的人工智能可以炮制出新的数学猜想。但是，如果我们不能集体认同发现物是否正确，这样做又有什么意义？这毫不夸张，事实上，我们已经经历过这种情况。早在 1976 年，四色定理是计算机证明的第一个主要定理。但是，要人工验证它需要一个人花上几百万小时，从来没有人做过，所以直到今天，仍然有一些哲学家对这个定理被验证过感到不舒服。

TL；DR

科学真理就像派对——只有足够多的人出席才能说它被接受了。

第九十八课

无矛盾心灵的永恒阳光

矛盾并不是最近流行的时尚，几千年来，它就被用作说明理解力的贫瘠和尚未解决的概念。忒修斯之船、理发师悖论、说谎者悖论：哲学里的悖论比海盗们的掺水烈酒还要多。如果你不是非得解开它们，这些悖论还蛮有趣的。让我们在本课中领略几个更具影响力的思考题。

剑子手悖论：在一个星期五，法官告诉囚徒，他的绞刑时间将在下周七天中的某天中午进行，但具体哪一天行刑在当天上午通知。囚徒分析法官说的话，认为自己会逃脱绞刑。为什么呢？

这次“意想不到的绞刑”不可能发生在星期五，因为如果他在星期四之前并未被行刑，就不是意想不到的了。但也不可能在星期四，因为星期五已经被排除了。如果他没有在星期三中午被行刑，那星期四行刑也不属于意想不到。以此类推，他得出结论，绞刑不会发生在星期三、星期四或星期一。问题解决了。

或者……发现问题了吗？

直到刽子手在下周三敲响牢房的门之前，囚徒都没有意识到问题所在——这的确给了他一个极大的意外，尽管他分析了以上种种。毕竟法官说的总是对的。

谷堆悖论：你有一个大谷堆。恭喜恭喜。从谷堆里拿走一粒谷子，你还有一个谷堆，对吧？于是你得出结论，拿走一粒谷子并不能形成或消灭一个谷堆。

所以你继续往外拿谷粒，每拿一颗看一眼自己的谷堆，直到最后，你认为自己已经不再拥有一个谷堆了——因为已经没有足够的谷粒。

现在的问题是：一定有一颗谷粒，在存在着一个谷堆和不再有一个谷堆之间起到决定性的作用。如果是这样，是哪一颗呢？

全能上帝悖论： 不考虑为什么要这样做的问题（个人喜好、无聊或者有趣等），全能上帝能够创造出一块重得连自己都抬不动的石头吗？

如果能创造出这块石头，那上帝就不是全能的，因为连这么简单的任务都无法完成；同理，如果上帝无法创造这样一块石头，说明其能力最终是有限的，也就完全与“全能”的定义相矛盾。

双面说谎者悖论： 拿出一张纸。在一面写上：“这张纸另一面写的话是真的。”反过来，在另一面写上：“这张纸另一面写的话是假的。”

发现问题了吗？

如果第二句话是真的，那么第一句话就是假的。但如果第一句话是假的，像第二句话说的那样，那第二句话就是假的了。所以，两个句子都同时既正确又错误，这就好像回答这样一个问题：“独立宣言在哪里签字的？”“在宣言末尾。”

异源词悖论（语义学 / 它谓词悖论）： 所谓异源词是指不描述自身（它谓）的词。比如“红色”，所指的并不是红色本身，而是红色的东西，与之相对的是“多音词”，即本身有复合称谓的词（如 English 本身就是英文）。那么，接下来的问题是：“同源词”能描述自身吗？

法庭悖论： 你是一个律师。你和一个法律专业的新生约翰签了一个协议，你资助他上学，在他学成打赢第一场官司后把钱返还给你。在学习之后，约翰弃法从医，成了一个牙医。这一点也不酷，约翰。

因此，你决定起诉约翰让他还你钱。你认为，即便你输了官司，他也要还你钱，因为这就意味着像协议里说的，他赢了第一场官司。如果你赢了，那按照法庭的裁决，他还是必须还钱。

而约翰认为，如果他赢了官司，那么按照法庭的裁决，他就不必还钱了。反过来说，如果你赢了，那么他就还没赢得第一场官司，所以也没有义务还钱。

这两个人谁的说法是对的？如果是你错了，你准备如何报复约翰？

下一节课，我们将详细讨论哲学中最重要的一场悖论比赛。

TL；DR

悖论就像思维上的一根小刺；起初，它看起来很小，无关紧要，但是看得越久，就会越疼越痒。

第九十九课

关于永远领先一步的思考题

古希腊哲学家芝诺以炮制各种各样的悖论，让一代代的哲学家发疯而闻名于世。他最知名的悖论是关于阿基里斯和乌龟。

阿基里斯和乌龟比赛跑步。阿基里斯跑得比较快，所以表现得很绅士，让乌龟领先一个身位起跑。比赛开始了，不出所料，阿基里斯迅速赶了上来。但是，在这段时间内，乌龟也向前移动了一点距离。阿基里斯眨眼之间就能跑过这段距离，但是，即便是眨眼之间，乌龟也还在向前移动。芝诺说，这种情况不断发生，会出现无数次。

如果这只爬行动物总是在一点点前进的话，阿基里斯是否有希望追上这个缓慢的带壳小动物呢？或者乌龟和自行车手阿姆斯特朗一样，

有医生给开的灵丹妙药？现在做出你的决定。

阿基里斯的确赶超了行动缓慢的乌龟。直觉上来说，我们知道一定是这样。但芝诺错在哪里呢？或许更令人惊讶的是，数学家花了两千年的时间才完全解答这个问题。这比最强健的乌龟预期寿命还要长得多。

这个悖论的问题在于：无限累积的过程仍然会具有某个有限的结果。

如果阿基里斯的移动速度超过乌龟，那么乌龟的领先始终是有限度的。问题无非在于阿基里斯会在什么时候领先。矛盾之处就在于，先提取一段有限的领先范围，然后将其进行无限的分割。但是，把领先的距离分割成越来越小的段落之后，整个领先距离却不会增加。你可以不断把蛋糕切成小块，但却不会产生更多的蛋糕，只会有越来越薄的美味薄片。

为了说明这一点，请参看下面的图形，这个正方形图片表示的是乌龟领先的距离。假设在我们的例子中，阿基里斯每跑一步，这段领先距离就被分割一半，以此类推：1/2+1/4+1/8+……你可以在这个有限的区域里添加无限个小方块，但是，随着方块不断被分割，整个大方块的面积是不增加的。乌龟最终失去了领先的位置，就像数列最终收敛：1/2+1/4+1/8+……=1，此时，阿基里斯超过了乌龟，大喊着："颤抖吧！小乌龟！"

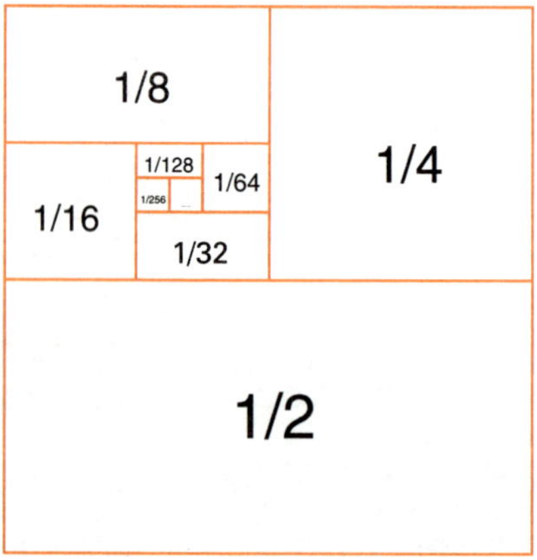

关于无限性究竟有多复杂的问题，还有许多古怪、令人头痛的例子。如果对这个话题感兴趣，你可以“入住”希尔伯特旅馆（悖论），或者读一读连续统假设，你会发现，就像银行户头，有些无限性甚至比其他的更大！你可能把所有时间都花在寻找无限性的尽头上，不过这也正是问题所在。

TL; DR

无限性是个不容小视的问题，或许正是出于这个原因，乌龟再也没有参加过赛跑。

第一百课

合格知识的科学光谱

有些事不在行可以容忍，但另一些事如果你表现得不如人意却很难令人接受，这难道不奇怪吗？你可以说，“我上学的时候数学完全不及格”，这时会有人拍拍你的肩膀，或者认同地点点头，但是如果你说，“我不知道莎士比亚是谁”，或者“为什么流星总是坠落在火山口”，那么，你就会遭到严厉的批评。

有鉴于此，本书始终致力于为大家提供哲学中值得了解的话题，所以在最后一课中，有必要介绍一下你应该回避的知识。下图概括了你必须知道的、你无须知道的，以及介于二者之间的灰色区域。

TL；DR

如果你打算不学无术；那就做吧；分号；如果你想学有所长，试试买彩票。

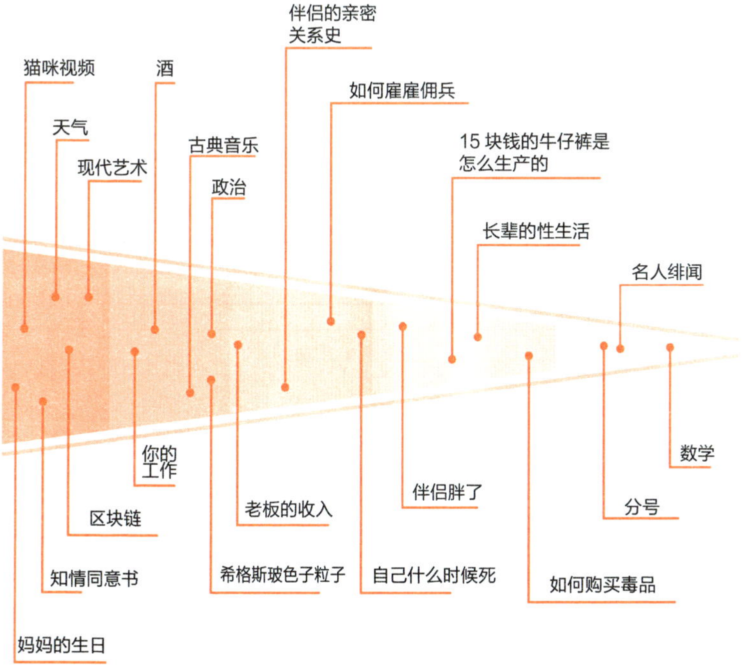
伴侣的亲密关系史
猫咪视频
酒
如何雇雇佣兵
天气
古典音乐
15 块钱的牛仔裤是怎么生产的
现代艺术
政治
长辈的性生活
名人绯闻
数学
你的工作
伴侣胖了
分号
老板的收入
区块链
知情同意书
希格斯玻色子粒子
自己什么时候死
如何购买毒品
妈妈的生日

本学期结束

期末考试

准备好做一个官方认证的厕所哲学家了吗

厕所哲学学员们，你已经学完了整整100课的内容！祝贺你的坚持不懈。我们有过欢笑、学过知识，同样也被启迪和惹恼过，还和乌龟一起参加过飞跃无限性的比赛。现在是时候参加期末考试了。你会像薛定谔的猫那样，在模棱两可的知识中挣扎吗？或者，像巴甫洛夫的狗一样，展示一下所受的专业训练。

拿出一张纸和一支笔。在接下来的30个问题里，从ABCD中选择你认为正确的答案。参考答案在末尾。每答对一题得1分。得到15分（或更多）你就是一位官方认证的厕所哲学家啦。本书的最后一页是你的毕业证书。

如果你不及格，好吧，你该为自己的不认真感到丢脸。捡起你那伤痕累累的骄傲，回到第一章重新开始吧。

考试现在开始。祝你好运！

1. 下列哪句话属于悖论的例子？

A：“我从不说谎。”撒谎者说。

B：当你需要一把餐刀时，拥有的却只是汤匙。

C：存在着某种震耳欲聋的沉默。

D：明天可能下雨，也可能不下。无论怎样，带一把雨伞吧。

2. 奥卡姆剃刀是干吗的？

A：清洁。为奥卡姆剃须。

B：精确化。剔除论证中不必要的假设。

C：整理。重新整理逻辑中的混乱。

D：审美。移除解释中丑陋的部分。

3. 下列哪个历史属于康德的先天知识？

A：只有康德自己理解的知识，例如，差不多他所有的理论。

B：来自经验的知识，例如，27% 的鳏夫都杀死过他们的伴侣。

C：与经验相矛盾的知识，例如，鳏夫的伴侣为恶作剧装死。

D：先于经验的知识，例如，鳏夫的伴侣死了。

4. 下列哪个哲学家最有可能活着的时候在墓地里思考死亡？

A：亚里士多德。

B：马丁·海德格尔。

C：马可·奥勒留。

D：康德。

5. 我说享乐主义，你说……

A：锡诺普的第欧根尼。

B：希波的圣奥古斯丁。

C：伊壁鸠鲁。

D：双飞。

6. 你我就气候变化展开了一场激烈的辩论。我说："任何不相信气候变化的人，一定生活在别的星球。"这句话属于哪种修辞谬误？

A：诉诸嘲弄。

B：赌徒谬误。

C：有偏见地概括。

D：大老粗修辞。

7. 著名的忒修斯之船思考题处理的是同一性问题，因为，在那只船上发生了……

A：它不再被当作一艘船来使用。

B：这艘船已经被海盗击沉。

C：这艘船的每个旧部件都被一个个换掉了。

D：这艘船被分割成两条小船，都叫作忒修斯之船。

8. 诠释学循环是指?

A：乘坐公共交通通常速度比较快。

B：尝试通过运用整体和部分理解某个文本的过程。

C：研究古代宗教文本的学说。

D：不是你说出的话，而是你真正要表达的东西。

9. 下列哪位哲学家由于其严格地遵循着传统和规则，而被描绘成《辛普森一家》中的斯金纳校长?

A：柏拉图。

B：亚里士多德。

C：马可·奥勒留。

D：孔子。

10. 啦啦队效应是指?

A：如果你以唱歌形式表达，人们会相信你所说的任何话。

B：咒语重复越多次就越有力量。

C：围绕着有个人魅力的领导者会自然而然地形成团体。

D：如果在一个群体里，人就会显得更具吸引力。

11. 什么样的伦理行为会被称为义务论?

A：行为的结果是好的。

B：遵循规则。

C：你是一个品德高尚的人（会自然而然地遵守伦理道德）。

D：你始终会对小朋友友善，而且买的是有机食品。

12. 怎样才会更接近尼采所说的超人?

A：你需要一个斗篷和一种意识形态。

B：你必须接受，只有上帝能为生活提供意义。

C：你必须接受，意义并不存在，而需要你自己去创造。

D：你必须搬到阁楼里住。

13. 帕斯卡赌注是什么?

A：分析信仰上帝到底好不好。

B：分析信仰唯一真神和其他神哪个更好。

C：分析信仰独角兽好不好。

D：分析上帝是否讨厌你的音乐品位。

14. 解经学是指?

A：背诵宗教文本的行为。

B：无视宗教文本的行为。

C：嘲弄宗教文本的行为。

D：解释宗教文本的行为。

15.“多漂亮的车啊，要是坏了就可惜了”，这个例子要说明的是？

A：诠释学。

B：解经学。

C：间接语言。

D：反讽。

16. 波普尔说，科学之所以成为科学，必须……

A：发表研究论文。

B：做实验。

C：有理论爆点和资金。

D：有可证伪性。

17. 什么是盖蒂尔疑难？

A：如果不存在正确答案，还能说你得到了知识吗？

B：如果你的信念不是为真和被验证过的，还能说你得到了知识吗？

C：如果使你相信的理由是无效的，还能说你得到了知识吗？

D：如果你感觉它绝对正确，那有可能是错的吗？

18. 在定义人时，皮科 · 德拉 · 米兰多拉伯爵会怎么说？

A：理性主义。只有人具有理性。

B：目的。除了人，事事皆有目的。

C：道德。只有人有道德。

D：权力。如果人类没有，其他事物更不会有。

19. 福柯说的“考古学”是什么意思？

A：所有人都是由时间、习俗和我们生活于其中的环境组成的。

B：如果挖掘得足够深入，所有人都大同小异。

C：就像土壤抚育植物，社会用它的垃圾供养我们。

D：就像每栋房子都有地基，社会建立在知识的土地之上。

20. 按照马克思的说法，一切历史都能被看作什么斗争的历史?

A：政治家。

B：名流。

C：文化基因。

D：阶级。

21. “权力腐败”和“结果为一切手段提供了合法性”出自哪位作家之口?

A：马基雅维利。

B：萨德侯爵。

C：圣雄甘地。

D：萨特。

22. 伊壁鸠鲁的享乐主义主要观点是什么?

A：在简单的事物中寻找快乐。

B：尽可能去消费。

C：学习不去奢求别人拥有的东西。

D：和爱人离婚并拒绝支付抚养费。

23. 罗尔斯用来克服偏见的概念叫什么?

A：原初规划。

B：原初承诺。

C：非原创命题。

D：原初状态。

24. 在何时我们所有人都签署了卢梭的社会契约?

A：法定成年时。

B：开始纳税时。

C：当我们勾选条款和条件框时。

D：虚假问题。我们从未真正“签过”什么契约。

25. 财阀政体的统治者是谁?

A：拥有最强大军事武器的人。

B：最有钱的人。

C：选票最多的人。

D：知道什么是“财阀政体”的人。

26. 对于黄金法则而言绝对命令是指什么?

A：所信奉的宗教信条决定了你如何对待他人。

B：必须以从理性的角度可解释的方式对待他人。

C：以你希望它会成为一条普遍法则的方式来对待他人。

D：你对待他人的方式必须有一个优秀的律师来辩护。

27. 按照柏拉图的理念论，真实事物以何种方式向我们呈现?

A：如墙上的影子那样。

B：如照在我们头顶的阳光那样。

C：如洞穴里的回声那样。

D：如我们脚上的锁链那样。

28. 按照维特根斯坦的说法，一个人的世界界限是由什么构成的?

A：一个人的语言。

B：一个人的存款。

C：一个人的社会契约。

D：一个人的护照。

29. 下列选项哪一个不属于明希豪森三难困境?

A：无穷倒退。

B：假想可能。

C：循环论证。

D：无证断言。

30. 辩证法有几个步骤，分别是什么?

A：一个：方向。

B：两个：自我及其对立面。

C：三个：问题、答案和反驳。

D：四个：正题、反题、危机与合题。

答案

1 A	2 B	3 D	4 B	5 C	6 A
7 C	8 B	9 D	10 D	11 B	12 C
13 A	14 D	15 C	16 D	17 C	18 B
19 A	20 D	21 A	22 A	23 D	24 B
25 B	26 C	27 A	28 A	29 B	30 D

厕 所 大 学

毕 业 证 书

经厕所大学认证

学生____________修完 100 堂哲学课程，

以____________分的成绩完成学业，现正式授予

厕所哲学家称号

校长签字：

Dr. Adam Fletcher（亚当 · 弗莱彻）

编号：90479

学院院长签字：

Lukas N.P. Egger（卢卡斯 · 艾格）

图书在版编目（CIP）数据

厕所里的哲学课 /（英）康拉德·柯列弗，（英）亚当·弗莱彻，（奥）卢卡斯·艾格著；李贯峰译 . -- 北京：北京联合出版公司，2020.6

ISBN 978-7-5596-4097-0

Ⅰ . ①厕… Ⅱ . ①康… ②亚… ③卢… ④李… Ⅲ . ①哲学–通俗读物 Ⅳ . ① B-49

中国版本图书馆 CIP 数据核字（2020）第 042327 号

北京市版权局著作权合同登记 图字：01-2019-7749

Klo-Philosoph: In 100 Sitzungen zum Klugscheißer by Konrad Clever, Adam Fletcher, Lukas N.P. Egger

Published in 2015 by Ullstein Taschenbuchverlag

厕所里的哲学课

作　　者：（英）康拉德·柯列弗 （英）亚当·弗莱彻 （奥）卢卡斯·艾格
译　　者：李贯峰
责任编辑：宋延涛
装帧设计：山川制本 Workshop

北京联合出版公司出版
（北京市西城区德外大街 83 号 9 层 100088）
天津旭丰源印刷有限公司印刷 新华书店经销
字数 210 千字 880 毫米 ×1230 毫米 1/32 9.5 印张
2020 年 6 月第 1 版 2020 年 6 月第 1 次印刷
ISBN 978-7-5596-4097-0
定价：49.80 元

译者简介

李贯峰，哲学博士，现任教于中国计量大学人文与外语学院，译有《大卫·休谟：启蒙与怀疑》《从柏拉图到维尼熊》《人文科学宏大理论的回归》等。